千佛之国

泰国9人传

“一带一路”列国人物传系　总主编◎王　丽

王灵桂　张双双◎主编

U0913150

華文出版社
SINO-CULTURE PRESS

图书在版编目（CIP）数据

泰国9人传 ：千佛之国 / 王灵桂，张双双主编. --
北京 ：华文出版社，2019.2（2023.6 重印）
（“一带一路”列国人物传系）
ISBN 978-7-5075-5075-7

Ⅰ．①泰… Ⅱ．①王… ②张… Ⅲ．①人物－列传－
泰国 Ⅳ．①K833.36

中国版本图书馆CIP数据核字(2019)第006299号

泰国9人传

主　　编：王灵桂　张双双
责任编辑：谭　笑　黄彩霞
出版发行：华文出版社
社　　址：北京市西城区广外大街 305 号 8 区 2 号楼
邮政编码：100055
网　　址：http://www.hwcbs.cn
投稿信箱：784263235@qq.com
电　　话：总 编 室 010　58336239　发 行 部 010-58336202/58336212
　　　　　责任编辑 010-58336237
经　　销：新华书店
印　　刷：三河市嵩川印刷有限公司
开　　本：880×1230　1/32
印　　张：7.25
字　　数：117 千字
版　　次：2019 年 2 月第 1 版
印　　次：2023年 6 月第 4 次印刷
标准书号：ISBN 978-7-5075-5075-7
定　　价：58.00 元

“‘一带一路’列国人物传系”编辑委员会

总　序

群星闪耀"一带一路"

"2100多年前，中国汉代的张骞肩负和平友好使命，两次出使中亚，开启了中国同中亚各国友好交往的大门，开辟出一条横贯东西、连接欧亚的丝绸之路。"[①]2013年9月7日，中国国家主席习近平在哈萨克斯坦纳扎尔巴耶夫大学发表演讲，以博古通今的睿智对人学生们娓娓道来丝绸之路古老而年轻的故事。

"我的家乡陕西，就位于古丝绸之路的起点。站在这里，回首历史，我仿佛听到了山间回荡的声声驼铃，看到了大漠飘飞的袅袅孤烟。这一切，让我感到十分亲切。哈萨克斯坦这片土地，是古丝绸之路经过的地方，曾经为沟通东西方文明，促进不同民族、不同文化相互交流和合作作出过重要贡献。

① 《习近平谈治国理政》，外文出版社，2014年10月第1版，第287页。

东西方使节、商队、游客、学者、工匠川流不息，沿途各国互通有无、互学互鉴，共同推动了人类文明进步。”“不同种族、不同信仰、不同文化背景的国家完全可以共享和平、共同发展。这是古丝绸之路留给我们的宝贵启示”，“为了使我们欧亚各国经济联系更加紧密、相互合作更加深入、发展空间更加广阔，我们可以用创新的合作模式，共同建设‘丝绸之路经济带’”。[①]推己及人，高瞻远瞩，引领时代，习主席在阿斯塔纳[②]通过哈萨克斯坦人民，首次向世界发出了让古老的丝路精神再次焕发青春和光彩的时代宣言。

2013 年 10 月 3 日，习主席在印度尼西亚国会发表了题为《共同建设二十一世纪“海上丝绸之路”》的演讲："东南亚地区自古以来就是‘海上丝绸之路’的重要枢纽，中国愿同东盟国家加强海上合作，使用好中国政府设立的中国—东盟海上合作基金，发展好海洋合作伙伴关系，共同建设 21 世纪‘海上丝绸之路’”，“发挥各自优势，实现多元共生、包容共进，共同造福于本地区人民和世界各国人民”。[③]这个倡议和 9 月 7 日的演讲异曲同工、

① 《习近平谈治国理政》，外文出版社，2014 年 10 月第 1 版，第 287 页。

② 哈萨克斯坦新首都名称。

③ 同①，第 293–295 页。

遥相呼应、互为映衬，完整地提出了“丝绸之路经济带”和“21 世纪海上丝绸之路”的宏伟构想。

从广袤的亚欧腹地哈萨克斯坦到风光旖旎的印度尼西亚，习主席提出的“丝绸之路经济带”和“21 世纪海上丝绸之路”吸引了世界各国的目光。从 2013 年 9 月至 2016 年 8 月，习近平出访 37 个国家（亚洲 18 国、欧洲 9 国、非洲 3 国、拉美 4 国、大洋洲 3 国），对“一带一路”倡议的总体框架和基本内涵做了充分阐述。和平合作、开放包容、互鉴互学、互利共赢的丝路精神，共商、共建、共享的合作理念，驱散了“去全球化”的阴霾，为增长低迷的世界经济注入新的动能。各国纷纷将本国经济发展与中国政府制定的《推动共建丝绸之路经济带和 21 世纪海上丝绸之路的愿景与行动》规划相衔接。“一带一路”倡导的政策沟通、设施联通、贸易畅通、资金融通、民心相通等“五通”，正在以基础设施、经贸合作、产业投资、能源资源、金融支撑、人文交流、生态环保、海洋合作等为载体和依托，在全球掀起了投资兴业、互联互通、技术创新、产能合作的新势头。2016 年中国牵头成立有 57 个成员国加入的亚洲基础设施投资银行（AIIB），2017 年 3 月 23 日迎来 13 个新伙伴。孟加拉配电系统升级扩容项目、印尼全国棚户区改造项目、巴基斯坦国家高速公路项目和塔吉克斯坦杜尚别至乌兹别克斯坦道路改造项目已经获得亚投行金融支持，共商共建成为现实。

“一带一路”倡议得到国际社会的热烈响应。2016年11月17日，第71届联合国大会193个成员一致赞同，通过了第A/71/9号决议，欢迎“一带一路”倡议，敦促各国通过参与“一带一路”，呼吁国际社会为开展“一带一路”建设提供安全保障环境。2017年3月17日，联合国安理会全票赞成，一致通过第2344号决议，呼吁国际社会凝聚援助阿富汗共识，通过“一带一路”建设等加强区域经济合作，敦促各方为“一带一路”建设提供安全保障环境。

2017年1月，习近平主席在联合国日内瓦总部发表题为《共同构建人类命运共同体》的重要演讲，全面深入系统阐述人类命运共同体重大理念，在国际上引起热烈反响，受到各方普遍欢迎和高度评价。3月23日，联合国人权理事会第34次会议通过关于“经济、社会、文化权利”和“粮食权”两个决议，决议明确表示要通过“一带一路”建设“构建人类命运共同体”。这是人类命运共同体重大理念首次载入人权理事会决议，标志着这一理念成为国际人权话语体系的重要组成部分。

“一带一路”不是中国的独角戏，是与亚、欧、非洲及世界各国共同奏响的交响乐。中国恪守联合国宪章的宗旨和原则，坚持开放合作、和谐包容、政策沟通，培育政治互信，建立合作共识，协调发展战略、促进贸易便利化及多边合作体制机制。中国携手100多个国家和地区，依托国际大通道，以陆上沿线中心城市为支撑，以重点经贸产业园区为合作平台，共同打造新亚欧大陆桥、中蒙俄、中国—中亚—西亚、中巴、孟中印缅、中国－中南半岛等国际经济合作走廊进展顺利，中欧班列在贸易畅通上动力强劲，风景亮丽；以海上重点港口为节点，共同建设通畅安全高效的运输通道，实现陆海路径的紧密关联和合作，太平洋、印度洋、大西洋上巨轮往来频繁，不亦乐乎。亚太经合组织、亚欧会议、大湄公河次区域合作等有关决议或文件，都体现了“一带一路”建设内容。丝路基金、开发性金融、供应链金融汇聚全球财富，建设绿色、健康、智慧与和平的丝绸之路，增进各国民众福祉。

“一带一路”是人类历史上从未有过的恢弘蓝图，也是横跨亚非欧连接世界各国的暖心红线。“丝绸之路经济带”包括中国经中亚、俄罗斯至欧洲（波罗的海），中国经中亚、西亚至波斯湾、地中海，中国至东南亚、南亚、印度洋；“21 世纪海上丝绸之路”包括从中国沿海港口过南海到印度洋再延伸至欧洲和到南太平洋。一路驼铃声声、舟楫相望，互通有无、友好交往。

在新的时代，在创新古老丝路精神的伟大进程中，习主席专门缅怀丝路开拓者，特意致敬古丝路精神奠基人：“我们的祖先在大漠戈壁上‘驰命走驿，不绝于时月’，在汪洋大海中‘云帆高张，昼夜星驰’，走在了古代世界各民族友好交往的前列。甘英、郑和、伊本·白图泰是我们熟悉的中阿交流友好使者。丝绸之路把中国的造纸术、火药、印刷术、指南针经阿拉伯地区传播到欧洲，又把阿拉伯的天文、历法、医药介绍到中国，在文明交流互鉴史上写下了重要篇章。千百年来，丝绸之路承载的和平合作、开放包容、互学互鉴、互利共赢精神薪火相传。”[①]这种吃水不忘挖井人的情怀，再次展现了中华民族不忘历史、纪念先贤、展望未来的优秀文化基因，也为中国传记文学学会参加“一带一路”建设指明了方向和道路。

在古老的丝绸之路上，我们不曾相忘：张骞出使西域到过的哈萨克斯坦，山高水长的好邻居巴基斯坦，双头鹰下横跨欧亚之国俄罗斯，草原之国蒙

① 习近平：《弘扬丝路精神，深化中阿合作》，2014年6月5日，习近平在中–阿合作论坛第六届部长级会议开幕式上的讲话，《人民日报》6月6日第1版。

古，喜马拉雅浮世天堂尼泊尔，菩提恒河保佑之国印度，文化瑰宝伊朗，首创法典之国伊拉克，红海门户之国也门，石油王国沙特阿拉伯，波斯湾明珠巴林，雪松之国黎巴嫩，海湾之秀科威特，沙漠之巅阿联酋，半岛明珠之国卡塔尔，波斯湾霍尔木兹海峡守门人阿曼，万湖之国白俄罗斯，欧亚十字路口土耳其，流着奶和蜜之地以色列，欧洲粮仓乌克兰，亚平宁半岛上的文化巅峰意大利，阿尔卑斯之巅的瑞士，玫瑰之国保加利亚，与灵魂对话的思辨之国德意志，欧洲文化殿堂法兰西，欧洲客厅比利时，郁金香之国荷兰，热情如火的西班牙，还有正在脱欧的绅士国度英国，北非金字塔之国埃及，非洲屋脊奉马蹄莲为国花的埃塞俄比亚，香草大岛之国马达加斯加，等等。

沿着海上丝绸之路，我们会领略从林花园之国马来西亚，花园国度新加坡，千岛之国菲律宾，赤道翡翠之国印度尼西亚；沿澜沧江一路南下，我们不曾相忘澜湄泽润之国越南，千佛之国泰国，高棉的微笑之国柬埔寨，万象之都老挝，印度洋上明珠之国斯里兰卡，印度洋上的明星和钥匙毛里求斯，堆金积玉之国文莱，追求自由之国东帝汶，印度洋世外桃源马尔代夫，骑在羊背上的国家澳大利亚，上帝的后花园新西兰，等等。

“一带一路”沿线国家里，那些千百年来影响了人类与国家、民族命运并与中国曾经有过交往的古今人物，至今还能在教科书、影视剧里看到他们，还能感受到他们在一代一代年轻人身上所生发的影响和魅力。

当然，对于中国人来说，更为熟悉的是丝绸之路的开拓者。曾记否？丝绸之路开拓者中，有汉武帝和他的使节们，有首开大唐盛世的唐太宗及其无数臣民，有再续睦邻通商航海路的宋祖朝廷和无数先贤，还有金戈铁马风漫卷的元代人物，一统江山万里帆的明代人物，环球凉热自清浊的清代人物，东西碰撞溅火花的近代人物，还有经受风雨变迁、勇立海国之志的现代人物，更有丝路明珠敦煌莫高窟的守护者，卫国助邻的将军和通司中外的外交家们。当然，数风流人物，还看今朝，我们不能不浓墨重彩地讴歌那些智通商海，投身到新丝路建设中的当代人物。

耕云播雨，香火延续，智慧传承，历史再续！2100 多年的友好交往历史从未隔断，惠及三大洲的中西交通从未停歇，21 世纪的“中国梦”和“世界梦”汇成了人类命运共同体的时代和弦，响彻在“一带一路”辽阔的长空。也正因如此，2017 年 5 月，北京喜迎来自“一带一路”相关国家的元首、政府首脑、前政要、知名企业家和专家学者等各界代表，以及国际组织的负责人等千名领袖，出席“‘一带一路’国际合作高峰论坛”。“千人盛会”共襄“团结互信、平等互利、包容互鉴、合作共赢”[①]之盛举，共商“沿线各国共同把蛋糕做大，一起分蛋糕”之合作共赢大计。这是中华民族和世界历史上都应该铭记的大日子。

以人物传记写作为己任的中国传记文学学会，在“一带一路”倡议实施中，肩负“讲好一带一路民心相通好故事”的使命和责任，这也是国家赋予我们的根本职责和任务。在中国文学艺术界联合会的领导下，在中国社会科学院国家全球战略智库指导下，中国传记文学学会以赤诚的家国情怀、强烈的时代精神、为人传记的责任担当，在认真调研、周密谋划、精心组织基础上，毅然决定倾注全力组织编写出版“‘一带一路’列国人物传系”。此煌煌百卷传系讲述近千名各国人物故事，集数百位专家作家尽心挥毫，去冬今春，夜以继日……幸得中国出版集团公司华文出版社出版发行。于是，各位读者得以读到手中的这套活泼而不失厚重、有趣而不失学养的列国人物合传书卷。

① 习近平：《弘扬人民友谊，共创美好未来》，2013年9月7日，习近平主席在哈萨克斯坦纳扎尔巴耶夫大学的演讲。

孔子曰："仁者，人也。"让各国的先贤智者的思想光辉，照亮我们探索人类未来的道路。

传记明志，落笔为文，是为总序。

中国传记文学学会会长
"'一带一路'列国人物传系"编委会总主编
王丽 博士
2018 年 3 月 8 日

General Editor's Preface

The Belt and Road Initiative was conceived in 2013. On September 7, 2013, Chinese President Xi Jinping proposed for the first time the blueprint in a speech at Nazarbayev University during his visit to Kazakhstan:

> Over 2,100 years ago during China's Han Dynasty, a Chinese imperial envoy Zhang Qian visited Central Asia twice to open the door to friendly contacts between China and Central Asian countries as well as the transcontinental Silk Road linking East and West, Asia and Europe.
>
> Shaanxi, my home province, is right at the starting point of the ancient Silk Road. Today, as I stand here and look back into history, I could almost hear the camel bells ringing in the mountains and see the wisps of smoke rising

from the desert. It has brought me close to the place I am visiting. Sitting on the ancient Silk Road, Kazakhstan has made important contributions to the exchanges and cooperation between different nations and cultures. This land has witnessed a steady stream of envoys, caravans, travelers, scholars and artisans traveling between the East and the West. The exchanges and mutual learning thus made possible have contributed to the progress of human civilization.

... Countries with differences in race, belief and cultural background are fully capable of sharing peace and development. This is the valuable inspiration we have drawn from the ancient Silk Road.

... To forge closer economic ties, deepen cooperation and expand development opportunities between Eurasian countries, we should innovate the mode of cooperation and jointly build an "economic belt along the Silk Road".[①] Considering the interests of the world commnity, taking a broad and long view and leading the new era, in Astana, President Xi, through the people of Kazakhstan, for the first time issued a declaration to the world that the old Silk Road

① Xi Jinping, *The Governance of China* (Beijing: Foreign Languages Press, 2014) 287.

spirit would once again be rejuvenated and radiant.

On October 3, 2013, President Xi brought up this topic again in his address to the Indonesian Parliament under the title "Jointly Building the 21st Century Maritime Silk Road":

> Southeast Asia has since ancient times been an important hub along the ancient Maritime Silk Road. China will strengthen maritime cooperation with ASEAN countries to make good use of the China-ASEAN Maritime Cooperation Fund set up by the Chinese government and vigorously develop maritime partnership in a joint effort to build the Maritime Silk Road of the 21st century. China is ready to expand its practical cooperation with ASEAN countries across the board, supplying each other's needs and complementing each other's strengths, with a view to jointly seizing opportunities and meeting challenges for the benefit of common development and prosperity. ①

The two talks framed the full picture of the

① Xi Jinping, *The Governance of China* (Beijing: Foreign Languages Press, 2014) 293-295.

conceptual “Silk Road Economic Belt” and the “21st Century Maritime Silk Road”, which are collectively referred to as “The Belt and Road Initiative”. Between September 2013 and August 2016, President Xi visited 37 countries (18 in Asia, 9 in Europe, 3 in Africa, 4 in Latin America and 3 in Oceania), giving a full exposition of the Belt and Road Initiative, from its overall framework to various details. The milieus of peaceful and all-win cooperation, financial integration, trade liberalization, and people-to-people bonds dispel the haze of anti-globalization and inject new vitality to the stagnant world economy.

The Belt and Road Initiative has been received with global enthusiasm. On November 17, 2016, all 193 member states of the United Nations unanimously passed the Resolution No. A/71/9 during the 71st Session of the United Nations General Assembly. This resolution endorsed China’s Belt and Road Initiative, encouraged UN member countries to participate in the Initiative, and urged the international community to provide a safe environment for the implementation of the Initiative.

The Belt and Road Initiative is not a solo of China, but a symphony of countries from Asia, Europe, Africa and the rest of the world. By observing the Charter of the United Nations, China adheres to openness and cooperation, harmony and inclusiveness as well as policy coordination in order to bolster mutual political trust, reach cooperation consensus, coordinate development strategies, facilitate trade, and introduce multilateral cooperation mechanisms. China has established partnerships with over 100 countries and international organizations with the goal of jointly building a new Eurasian Land Bridge and developing China–Mongolia–Russia, China–Central Asia–West Asia, China–Pakistan, Bangladesh–China–India–Burma, and China–Indochina Peninsula economic corridors by taking advantage of international transport routes, relying on core cities along the Belt and Road and using key economic industrial parks as cooperation platforms. At sea, the Initiative will focus on jointly building smooth, secure and efficient transport routes connecting major sea ports along the Belt and Road, so as to achieve a closer connection and cooperation between land and sea routes, with the Pacific, Indian and Atlantic Oceans frequented by ships and vessels. Meanwhile, the Asia-Pacific Economic Cooperation

(APEC), the Asia-Europe Meeting (ASEM), the Greater Mekong Subregion (GMS) Economic Cooperation and many other regional cooperation mechanisms have included the Belt and Road Initiative in their relevant resolutions and documents.

We shall never forget the countries along the ancient Silk Road: Kazakhstan, the country visited by the Han Dynasty imperial envoy Zhang Qian; Pakistan, China's friendly neighbor bound by mountains and rivers; Russia, a country symbolized by a double headed eagle; Mongolia, the prairie country; Nepal, the paradise on the Himalayas; India, a land blessed by the holy river Ganges; Iran, a country full of cultural treasures; Iraq, the country where the famous *Code of Hammurabi* originates from; Yemen, the gate to the Red Sea; Saudi Arabia, the kingdom of petroleum; Bahrain, the pearl of the Persian Gulf; Lebanon, a country of cedars; Kuwait, a rising star of the Persian Gulf; United Arab Emirates, a diamond on the desert; Qatar, a gem on the Arabian Peninsula; Oman, the gatekeeper of the Hormuz Strait; Byelorussia, a country with myriad lakes; Turkey, the center of the crossroads of Eurasia; Israel, a country full of milk and honey; Ukraine, the granary of Europe;

Italy, the pinnacle of culture on the Apennine Peninsula; Switzerland, a country in the Alps; Bulgaria, the land of roses; Germany, a home to great minds; France, the cultural palace of Europe; Belgium, the drawing room of Europe; the Netherlands, a garden of tulips; Spain, the land of passion; United Kingdom, the country of gentlemen which is breaking from the EU; Egypt, a country of pyramids in North Africa; Ethiopia, the roof of Africa whose national flower is Calla Lily; Madagascar, the island nation where vanilla grows, and so on.

The Maritime Silk Road links Malaysia, a country of forests and gardens; Singapore, the flowery country; the Philippines, the country of a myriad of islands; and Indonesia, the emerald of the equator. Along the Lantsang River down to the south, we will pass Vietnam, the land nourished by the Mekong River; Thailand, a country of thousands of Buddhist temples; Cambodia, the home to Khmer smiles; Laos, the land of a million elephants; Sri Lanka, a bright pearl in the India Ocean; Mauritius, the shining star and key of the Indian Ocean; Brunei, a kingdom of gold and green; East Timor, a nation of independence; Maldives, a paradise in the India Ocean; Australia, the nation riding on the sheep's back; New

Zealand, the back garden of God, and so forth.

In the countries along the Belt and Road, names of distinguished figures, ancient or modern, who have affected the destiny of mankind, who have rewritten the history of nations, and who have had contacts with China, can still be found in today's textbooks, films and TV shows. We can still feel their enduring influence and charm on generations of young people.

Of course, for the Chinese people, the pioneers of the ancient Silk Road are more familiar. Yet, those who have devoted themselves to the building of the new Silk Road equally deserve our respect. In May 2017 during the Belt and Road Forum for International Cooperation, Beijing welcomed thousands of guests from around the world, including heads of state, heads of government, former politicians, business leaders, experts, scholars, and principals of international organizations. They gathered together in the common spirit of solidarity and mutual trust, equality and mutual benefit, inclusiveness and mutual learning, and win-win cooperation, to discuss how countries along the Belt and Road can work together to make the "pie" bigger and shared by all for mutual benefit.[1] This is a big day that should be remembered as a landmark in the history of the Chinese nation and the world.

The Biography Society of China, which makes it its mission to promote biography writing, shoulders the task and responsibility of telling well the stories of friendly exchanges among people of countries along the Belt and Road. This is also the fundamental duty and task assigned to us by our nation. Therefore, through careful investigation and passionate planning, the Biography Society of China decided to publish a hundred-volume series titled *Remarkable Lives Along the Belt and Road*. This project receives support from the China Federation of Literary and Art Circles and guidance from the National Institute of International Strategy of Chinese Academy of Social Sciences. From last winter till this spring, hundreds of experts were working around the clock on the biographies of a thousand remarkable lives. Here the series is presented to you.

As Confucius said, "Humanity is of humans". Let the lights of those great minds and lives illuminate our future

---

① Xi Jinping, "Promote People-to-People Friendship and Create a Better Future", Speech delivered at the Nazarbayev University, Kazakhstan, September 7, 2013.

path of exploration.

Comments, criticism and suggestions will all be appreciated.

Dr. Wang Li

Chairwoman:

The Biography Society of China

General Editor:

Remarkable Lives Along the Belt and Road

March 8, 2018

目 录

引 言…… 1

勇敢而伟大的君主——坤兰甘亨…… 8

1. 懂礼有为登王位 …… 10

2. 发展生产，促进贸易 …… 13

3. 传播佛教，统一信仰 …… 16

4. 扩展疆域，创立文字 …… 18

5. 与中国的友好交流 …… 21

“黑王子”——宋德特·帕·纳黎萱·马哈拉吉…… 26

1. 身不由己的人生 …… 27

2. 勇敢的“象兵” …… 31

3. 创立泰拳 …… 35

4. 暹罗与中国的交往 …… 38

华裔大帝——郑信…… 40

1. 幸运女神眷顾的童年 …… 41

2. 御敌卫国的民族英雄 …… 49

3. 短暂但绚丽的王朝 …………………………… 56
4. 心系故国，互通往来 ………………………… 60

现代泰国的缔造者——朱拉隆功………………………… 64
1. 继承父志并为之奋斗的一生 ………………… 65
2. 卓越的功绩使他深受爱戴 …………………… 75
3. 开放外交与夹缝中求主权 …………………… 86

一生追求民主的华裔总理——比里·帕侬荣……………… 91
1. 民主思想的形成和实践 ……………………… 92
2. 保家卫国逐蛮夷 ……………………………… 99
3. 被迫辞职，流亡国外 ………………………… 102

人民拥戴的国王——普密蓬·阿杜德……………………… 106
1. 一生备受人民拥戴 …………………………… 107
2. 伉俪情深，携手一生 ………………………… 120
3. 重视外交，与华交好 ………………………… 124
4. 赢得生前身后名 ……………………………… 127

杰出的女校长——坤仁·苏查达·吉拉南……………… 131
1. 中泰结合的大家庭 …………………………… 132
2. 人生的基石：教育 …………………………… 138
3. 回归母校的工作成就 ………………………… 148

泰籍华裔的商界传奇——谢国民…………………………157
1. 卜蜂集团的诞生和发展 ……………………………158
2. 漂泊辗转之旅 ……………………………………161
3. 在商界摸爬滚打 …………………………………166
4. 不断努力，终获成功 ……………………………176

和平使者——玛哈·扎克里·诗琳通公主……………………181
1. 勤学好读，善良活泼 ……………………………182
2. 中泰友好的使者 …………………………………187
3. 荣誉属于公主 ……………………………………196

后记……………………………………………………200

Contents

Introduction / 1

The Brave and Great Monarch:

Ram Khamhaeng / 8

The "Black Prince":

Somdet Phra Naresuan Maharat / 26

A Thai King of Chinese Lineage: Taksin / 40

The Father of Modern Thailand: Chulalongkorn / 64

Thailand's Ethnic Chinese Prime Minister and His

Lifelong Pursuit of Democracy:

Pridi Phanomyong / 91

A Beloved King of the People:

Bhumibol Adulyadej / 106

A Eminent Headmistress:

Khunying Suchada Kiranandana / 131

A Thai Business Magnate: Dhanin Chearavanont / 157

A Peace Envoy: Maha Chakri Sirindhorn / 181

Afterword / 200

引　言

泰国是一个盛产神话故事的国度。令人称奇的是，这些神话与中国的许多神话有着异曲同工之妙。在中国，神荼和郁垒是民间信仰的守卫门户的神灵，人们将其神像贴于门上，用以驱邪避鬼、卫家宅、保平安、助功利和降吉祥等，是中国民间深受人们欢迎的守护神。在泰国也有与中国门神拥有同样职能的镇妖武士——鬼王夜叉，他们手持宝剑，身穿盔甲，花面獠牙，身材高大。据泰国古书记载，夜叉王分 4 位，他们管辖世间不同范围内的鬼怪，如山中魑魅、人间魍魉、孤魂野鬼和所有的邪魔妖孽。而 Thao Vetsuwan（他屈淑运）就是掌管阳间的夜叉王，即拉壶天神的父亲。

中国与泰国的文化有诸多相似之处。周恩来总理曾说过，中泰是亲戚关系。普密蓬国王也说过，中泰关系密不可分。1978 年 11 月，中国领导人邓小平访问泰国，开启了中泰两国真正意义上的战略合作。在错综复杂的矛盾和利害关系中，中泰之间始终真诚相待、配合默契，把握着大原则和大方向。邓小平访泰期间同泰国国王及江萨总理举行了亲切友好的会见和会谈，富有成果。此次访问还有一大亮点是，当时适逢泰国王储殿下出家剃度大典，江萨以探询的口气问邓小平："我国的王储殿下马上要举行剃度大典了，您愿不愿意出席，如果您不愿意出席的话，在下不勉强。"当时的泰国国王普密蓬也一脸期待地看着邓小平，邓小平看着普密蓬和江萨笑着说："当然去啊！能有幸见到泰国王储殿下的出家剃度大典也不枉此次泰国之行。"普密蓬和江萨听到这样的回答如释重负地一同笑了起来。泰国人民不仅第一次领略了中国领导人的风范，而且亲自感受到两国间情感一下子拉近了，切切实实体会到了"中泰非外人，中泰是兄弟"的真实。

中泰两国的友好往来，不仅体现在国家层面上，还体现在文化交流上。2012 年 12 月 12 日，《人再囧途之泰囧》在中国各大院线上映。该片除了令人忍俊不禁的台词和演员精湛的演技外，还大幅播放了泰国的热带风光。电影内出现的旅游景点也因这部电影在中国声名大振。除《泰囧》外，另一部取景于泰国的电影《唐人街探案》，也在中国引起极大的反响。两地互拍电影不仅能促进旅游业发展，而且能增进人民友好和文化交流。

让我们将目光转向这个充满热带风光的国家。

泰王国（泰语：**ราชอาณาจักรไทย**，英语：Kingdom of Thailand），简称泰国（Thailand），位于东南亚地区的中南半岛中部地区，北部和东北部与老挝接壤，北部和西部与缅甸交界，西南方向是安达曼海，东部毗邻柬埔寨和暹罗湾，南部与马来西亚接壤。其国土面积为 51.3 万平方千米，在东南亚仅次于印度尼西亚和缅甸。泰国由北到南的距离为 1620 千米，东西最宽处 775 千米。泰国陆地边界线长约 3400 千米，海岸线长约 2614.4 千米，其中暹罗湾海岸线和太平洋海岸线长 1874. 8 千米，印度洋海岸线长 739. 6 千米。

泰国有人口 6903 多万（2017 年数据）。泰国共有 30 多个民族。泰族为主要民族，占人口总数的 40%，其余为老挝族（35%）、华族（10%）、马来族（3.5%）、高棉族（2%），以及苗、瑶、桂、汶、克伦、掸、塞芒、沙盖等山地民族。泰国国语为泰语。90% 以上的民众信仰佛教，全国共有佛寺超过 3.2 万座，平均每个行政村或每 1600 多人就有一所寺庙；马来族信奉伊斯兰教，还有部分少数民众信仰基督教、天主教、印度教和锡克教。

泰国旧称暹罗，于公元1238年形成较为统一的城邦国家，曾先后经历了素可泰王朝、大城王朝、吞武里王朝和曼谷王朝。16世纪，葡萄牙、荷兰、英国、法国等殖民主义列强先后入侵。1896年，英法签订条约，规定泰国为英属缅甸和法属印度支那间的缓冲国，使得泰国成为东南亚唯一未沦为殖民地的国家。19世纪末，曼谷王朝拉玛四世蒙固王率先推行对外开放，积极引进西方技术与文化。在此基础上，拉玛五世朱拉隆功大帝借鉴西方经验，进行了全方位的社会经济改革，开启了泰国的现代化发展道路。1932年6月，人民党发动政变，推翻君主专制，建立君主立宪制。从20世纪60年代起，泰国先后制定了进口替代和出口导向的发展政策，并成功推动了国民经济持续高速增长。到90年代初，泰国已跻身中等收入国家，和马来西亚、菲律宾、印度尼西亚一起，并称“亚洲四小虎”。

泰国国旗是一面三色旗，呈长方形。由红－白－蓝－白－红五条横带组成，蓝带比红白带宽一倍。三种颜色分别代表国民、宗教和王室。

红色代表民族和象征各族人民的力量与献身精神。泰国以佛教为国教，白色代表宗教，象征宗教的纯洁。泰国是君主立宪政体国家，国王是至高无上的，蓝色代表王室。蓝色居中象征王室在各族人民和纯洁的宗教之中。

泰国国徽是一个极富神秘宗教色彩的图腾图案。深红色的大鹏鸟，鸟背上蹲坐着那莱王，它是泰国民间传说中鹰面人身的神灵。它头顶金色宝塔，裸露的颈部、手臂和手腕都戴着光彩夺目的金色饰品，两臂上举，手指弯向头部，翩翩起舞，构成泰国民间舞蹈舞姿的典型造型，展现出浓郁的泰国民族特色。

泰国的国歌是《泰王国歌》，每天早上8时整和午后6时整，在所有公园、学校、电台都要演奏《泰王国歌》。听到歌曲声，每个人都必须立即面向国旗肃立，并除下帽子，以示敬意。

和中国相似，泰国人总体给人的感觉是性情温和，待人接物大方热情，是一个礼仪之邦，并被誉为“微笑的国度”。在社交场合，见面时通常是双手合十于胸前，互致问候，表达敬意。在泰国人眼中，头是最神圣的部位，最忌讳别人触摸，因此，去了泰国不要随便摸别人的头。在生活中，泰国人忌讳用左手传递东西、接拿物品。坐着的时候，忌跷二郎腿。谈话时，忌用手指指着对方。到寺庙拜佛或参观时，需要衣冠整洁，并且脱鞋。因为处于热带地区，盛产大米，所以泰国人的主食是大米。由于光照充足，这里的辣椒颜色鲜亮，辣味儿十足，成了泰国人餐桌上不可或缺的东西。

1975年中国与泰国建立外交关系。长期以来，两国关系保持健康稳定发展。2001年,两国政府发表《联合公报》，就推进中泰战略性合作达成共识。2012年，两国建立全面战略合作伙伴关系。2013年，两国政府发表《中泰关系发展远景规划》。近年来，中泰双边贸易持续保持高增长态势。中国已成为泰国最大贸易伙伴国，泰国则是中国在东盟国家中的第四大贸易伙伴，对华贸易开始成为拉动泰国经济发展的重要动力。从古至今，泰国就是海上丝绸之路的重要一站。“一带一路”倡议再开历史新篇,作为“海丝”建设的重要枢纽，泰国与我国的联系日益密切。

泰国作为一个拥有700多年历史、发展速度惊人的“微笑国度”，离不开那些曾经为独立、和平及创新而奉献自己的最可爱的人。从素可泰王朝勇敢而伟大的第三代国王坤兰甘亨，到“黑王子”纳黎萱；吞武里王朝的国王郑信，再到近代励精图治、奉行开明的泰国大帝朱拉隆功，他们都用自己的才华和信仰，打动了无数人。泰国的华裔总理比里·帕侬荣，一生都在追寻民主；普密蓬·阿杜德打破了全世界在任时间最长的纪录；朱拉隆功大学的校长坤仁·苏查达·吉拉南，一生致力于提高泰国高等教育水平；还有最令中国人敬仰的泰籍华人谢国民，他用自己的经济头脑在泰国成为首富；和平使者玛哈·扎克里·诗琳通作为中泰的友好使者，以令人惊艳的智慧，让中泰关系因为她绽放友谊之花。

这些杰出的人士，用奉献谱写了国家的历史，谱写了自己传奇的人生，也让泰国在发展的路上越走越快，越走越远。现在，让我们一起走进他们的故事吧！

勇敢而伟大的君主——坤兰甘亨

大概是1294年，有一个神秘的国王带着他的大臣漂洋过海来到中国。在他到来之前，元朝的皇帝夜里做了一个很奇怪的梦：在海上作战的时候，突然狂风大作，卷起万丈高的惊涛骇浪，将军和士兵惊恐万分，以为这次出征可能哪里犯了禁忌，遭到了上天的惩罚。眼看着自己的战船就要被海水淹没，他们赶紧布置香案，供奉海神，祈求海神保佑他们平安归来。海神、风神真的出现了，对他们说，不久会有人来救你们，但不是我们，这个人在东南方，神仙说完就无影无踪了。元朝皇帝还在梦里纳闷的时候，被侍女叫醒了，说有人来访，他就是泰国素可泰时期的国王坤兰甘亨。

兰甘亨（Ram khamhaeng），泰国素可泰王朝第三代国王。因其卓著的文治武功被誉为泰国历史上的五位大帝之一。生卒年不详。主要活动于1275至1317年。中国史籍称敢木丁。当上国王以后，素可泰人称他为“坤兰甘亨”，“坤”是素可泰时期对国王的亲切称呼。“兰”是梵文伟大的意思，再加上勇敢，连起来就是说这个国王“勇敢而伟大”。

坤兰甘亨统治时期，人民安居乐业。坤兰甘亨的最大贡献在于他将流行于素可泰地区的巴利文、吉蔑文加以改造，于1283年创制了泰文字母，为泰国民族文化的发展立下不可磨灭的功绩。他与中国元朝建立了友好睦邻关系，多次遣使访问中国。据说1317年后在湄南河失踪。

坤兰甘亨画像

1. 懂礼有为登王位

坤兰甘亨的父亲膺它沙罗铁是吴哥王国一个部落的首领。吴哥王国对人民经常残酷剥削、实行严格的徭役赋税，由于不满高棉人的统治，膺它沙罗铁带领一些志同道合的人推翻了高棉，自己建立了素可泰王国。

坤兰甘亨的母亲叫娘双，来自贵族家庭。育有 3 个男孩，2 个女孩。按照泰国的嫡长子继承制，由班孟继承父亲的王位。坤兰甘亨毫无嫉妒之心，对兄长唯命是从。曾有一些大臣对班孟的统治不满，劝坤兰甘亨向老国王说班孟的坏话，他没有听从，认为当不当国王无所谓，反正自己是王子，地位和财富仅次于国王，如果过于插手朝政，可能会引起父亲的怀疑，反而对自己不利。他对自己的父母非常孝顺，经常去父王和母后那里问候，自己所得的东西也从不独享，他在外面打猎得到的珍禽异兽，必然会献给自己的父母；他在外面捕到新鲜的鱼儿，必然会第一时间送给父母；他在森林里采摘到的美味可口的果子，也会首先让父母品尝。种种孝行得到天下人的夸赞与效仿。

坤兰甘亨长到 19 岁的时候，膺它沙罗铁觉得是时候带他出来磨炼一番了。膺它沙罗铁虽然经过多年的浴血奋战建立了自己的王国，他心知自己也会有拿不了兵器的那一天，希望自己的孩子有朝一日能够超过自己，超过自己的敌人，让素可泰王国越来越强大。在几个儿子中，膺它沙罗铁最器重的就是坤兰甘亨，为了让他将来成为国家的栋梁之材，带着他南征北战，奔走疆场。有一次，蒙术国国王坤三春偷袭素可泰王国重镇蒙达，膺它沙罗铁国王带着坤兰甘亨出去迎敌,从左侧向敌人发起进攻。可是坤三春阴险狡猾，趁膺它沙罗铁右边兵力薄弱，突入他右方阵营。膺它沙罗铁和他的士兵们惊慌失措，溃不成军，向四方逃散。然而身为王子的坤兰甘亨却没有被敌人的凶猛吓跑，他乘着一只叫百本的大象，赶着它到父王身边护驾，用长矛与坤三春鏖战，不到三回合，坤三春打不过坤兰甘亨，仓皇而退。经过这次与最厉害的敌人的战斗，膺它沙罗铁国王对自己这个儿子非常欣赏，认为将来他可成大器，独当一面，就给他儿子重新起个名字叫兰甘亨——勇敢的意思。

不久发生了一件不幸的事，坤兰甘亨的兄长班孟英年早逝（1275 年或 1279 年）。这件不幸的事发生后，坤兰甘亨就自然成为王储。后来父王去世，他顺利登上王位。碑文中对于他兄长的死因没有详细介绍，后人也不得而知，是因病早逝还是“玄武门之变”，尚待考证。

坤兰甘亨一生有 100 多个妃子，数不清的孩子。

根据规定，他应该册封一个妃子作为王后，母仪天下。但是他从来没有正式册封哪个妃子为王后，这是因为他最宠爱的万妃不能生育。万妃来自缅甸，不仅长得美艳，而且善于梳妆打扮，自少女时就有众多追求者，不止坤兰甘亨一人为她的美貌所倾倒，皇宫里其他人也被她的魅力征服。她不仅生得分外俊俏，声音还极其好听，自然备受坤兰甘亨的宠爱。

坤兰甘亨对万妃的意见颇为在意。王子罗泰与表妹奔洛公主偷尝禁果，导致表妹怀孕。这在宫廷中是大丑闻，王子听到消息后，吓得几天不敢出门，怕国王知道后将自己逐出王宫，又不知该向谁求助解救。踌躇万分的时候，一个仆人告诉王子，只有万妃能帮王子解决这个事情，王子就连夜去找万妃。万妃责骂了王子几句，让他闭门思过，以后不要再犯如此严重的错误。万妃心想毕竟举国上下以后还指望罗泰王子治理，就把此事告诉国王，请求国王宽恕，救了王子一命。

万妃得宠必然导致其他王妃被国王冷落，国王尚不懂周全平衡，这就间接地将万妃推向了深渊。那些被冷落的王妃为了重新得到国王的恩宠，密谋设计毒杀万妃。一日服侍万妃的侍女准备食物呈给万妃，其他被冷落的妃子早已暗自收买了王宫厨房的大厨，偷偷在饭菜中下了剧毒。就这样，万妃在国王的悲痛中撒手人寰，香消玉殒。为了纪念万妃，坤兰甘亨大帝在素可泰城修建了一个万妃陵，陵寝建得像王宫一样美轮美奂，四周种满了曼陀罗花。据说每到她祭日的时候这些曼陀罗花就会开得十分鲜红，把整个暹罗河都能染红。王子罗泰即位后追封她为父王坤兰甘亨的王后。

2. 发展生产，促进贸易

坤兰甘亨是个非常有智慧和富于权谋的统治者，素可泰王国在坤兰甘亨的治理下井井有条，歌舞升平，一片祥和。强大的综合国力为以后国家的发展奠定了坚固的基础。

农业是泰国以前主要的经济支撑，坤兰甘亨大帝非常注重发展农业生产，经常到田间地头视察农作物、养殖业、果树种植的情况，做出了一系列卓有成效的改革，他也会亲自种植农作物。他经过长期观察发现，泰国内陆如果长时间不下雨，容易造成旱灾，庄稼颗粒无收。如果下雨时间过长，疏导不出去，容易造成洪水灾害，危及农作物和人身安全。所以他在想能否修建大坝，沟渠和大坝能很好地调节雨水资源的不平衡。素可泰时期果然兴建了许多大坝和沟渠，连接大坝的河渠经过素可泰城，一直修建到甘京基府。大坝的建成为老百姓带来了很多好处，不仅减轻洪灾、积蓄足够的水源，还解决了遇到旱灾时没有水源灌溉土地的问题。那时的人民安居乐业，生活富足，水中有鱼，田里有米，人民在田间欢笑着，牲畜在远方悠闲地吃着草，一派和谐。

坤兰甘亨大帝执政期间，全国的商业得到极快的发展，商业活动丰富多彩，有三种主要的贸易方式。第一个是国内贸易。本国的居民可以进行商品交换。第二个是和相邻的国家进行买卖。素可泰从邻邦买回本国最缺乏而最急需的商品，出售其他国家没有的商品。第三种是海外贸易。坤兰甘亨大帝战胜孟国，把它变成了自己一个的藩属国。孟国在素可泰的西边，去安达曼海非常便利，因此在航海路线上为素可泰打开了一条黄金

坤兰甘亨大帝铜像

贸易通道，大大地缩短了向西航海路线，节约了不少经济成本，素可泰的商品就是通过这条黄金水道进入印度和阿拉伯。素可泰向西方国家销售的主要产品有陶器、皮革、象牙和香料，从中国进口丝绸以及精美的瓷器，等等。

因为物产丰饶，年年有余，因而国家不收太多杂捐杂税，允许自由贸易，取消阻碍各地贸易发展的关卡，使城与城之间、国与国之间通商方便。同时还统一全国的度量衡，统一货币，以有利于各地贸易往来。全国使用的货币有贝币、纯银币和铅锡合金制造的“苦百”币。银币较少,主要流通的是贝币。货币统一之后，市场活动更加频繁。市场上行人牵着牛骑着马在大街上来来往往，讨价还价地进行各种交易:有买卖牲口的、有交换金银首饰的、有卖日常杂货的，可谓相当繁华热闹。另外，坤兰甘亨国王还规定庶民或是王孙去世之后，家里的田产、牲口、妻奴、粮食、槟榔林等都由他们的子孙继承。国王为了能够及时处理庶民或贵族发生的矛盾纠纷,维护社会和谐,在城门外挂个铃铛，一旦国内有纠纷和争执，百姓到王宫请国王圣断，就变得非常简便快捷。坤兰亨国王一旦听到门外有人摇铃铛，就把他们叫进来仔细询问，条分缕析，予以公断。这样一来，久而久之，这个国家的人民有了很高的自律意识,偷窃事件变得也少了,邻里之间争吵也不多了,素可泰王国不见盗贼，路不拾遗，见富不怨。对于那些派使臣骑着大象来归附自己的国家，给他们支持帮助。如果没有臣子和财富就予以资助，使他们成乡成国。所建的素可泰城固若金汤，城中有池，池外有城墙，城墙高约一丈。池水被称为塔旁陪西，清澈见底，甘甜可口，成为城中居民的日常生活用水。素可泰城中的居民大都乐于助人，敬佛礼僧，兢兢业业。

3. 传播佛教，统一信仰

统治者如果用严刑峻法去管理自己的民众是不会长久的。坤兰甘亨国王为了加强中央集权统治，控制国民的思想，想到了一个极其高明的方法。他专门从斯里兰卡请一些高僧大德到素可泰担任法师，每日在寺院召集一些子民讲佛说法，传经布道。为了表达对佛教的敬重，还花巨资修建了不少巧夺天工的寺庙和佛塔，这些佛塔高大宏伟、金碧辉煌，远远望去仿佛在诉说着无边佛法。至今清迈的玛辖哒寺、金佛寺、沙中寺和沙攀欣，一直保存完好，庄严肃穆的佛塔会让人觉得回到了过去，能让心灵变得纯净。小乘佛教认为男子出家对个人成长有很大帮助，只有经历过一番修行的人才能受人尊敬，大有作为。坤兰甘亨还大兴土木建造寺院、僧堂，为落发的僧人剃度。对于佛教十分推崇，以至王子公主、公卿贵妇，无论高低贵贱、男女老少，都十分虔诚信奉佛教，没有一个人不遵守戒律。雨季终了，国中会举办大型的希那衣礼，此礼一个月才完成。如果祭献得宜，国家就会兴旺发达很长久；如果祭献不得其当，山神则不予庇护而导致国家早早灭亡。举办希那衣礼的时候，常有贝壳堆、槟榔堆、鲜花堆、倚垫卧枕以及其他附属敬献品，总价值达200万泰铢，国人列成长队，远行至素可泰城西的阿兰若甲寺祈福祷告,然后返回素可泰城。一路上乐声四起，琴瑟和鸣。素可泰城一共有四个大门，因为国人争先恐后进入城中观赏国王燃烛玩，时常拥挤，人声鼎沸，异常热闹。

每到朔、望、初八、二十三这几天，众老僧师、长老、人长老,登坐石板,对善男信女守戒之士，讲经说法。经日之外，素可泰国王坤兰甘亨亦登坐石板，使公子王孙、公卿大臣朝见。大白象在泰国是天神的象征，所以无论干什么都以骑大白象最为神圣，朔望之日，国王命侍从装饰自己的坐骑大白象。在象背上安装一个方形蓬座，把座位用金黄色的丝绳牢牢系在大白象身上，坤兰甘亨王登上象座，骑往阿兰若参拜大佛，祈求国泰民安，国运昌盛。回来之后命人在阿兰若这个地方立下三块石碑记载这次盛事：一块石碑在差良城中，立于帕室拉打那阔之旁。一块石碑在帕拉玛洞中，位于三派河岸。另一块石碑，在拉打那摊洞内。又命人在糖棕林中建了两个亭子，一曰末亭，一曰佛陀亭，给国人提供纳凉之地。至今这些石碑和亭子保存完好，从上面记录的文字可以最真实地了解当时的盛况。

4. 扩展疆域，创立文字

坤兰甘亨统治时期是素可泰疆域最为辽阔的历史时期。坤兰甘亨不仅在军事上扩张领土，把国家建成一个庞大的军事强国，而且创立了一整套军政合一的政治制度。他规定国中的成年男子平时都是士兵，各地贵族首领既是各地方的行政长官，又是各地方武装部队的专门首领。和平时期，人民各自从事农业生产，一旦国家对外有战争，成年人便要拿起武器，组成军队，各地方的行政长官，统领各地方所组成的军队，听候国王的调遣，随时准备参加战争。这就是所谓的“无军民之分，聚以成军，散则为民”。对于在战场上奋勇杀敌的士兵，不论地位高低都给予升官的机会，这样就极大地调动了士兵战斗的积极性。对于不认真履行自己职责、在打仗的时候吃喝玩乐、玩忽职守的罢官免职。所以在打仗的时候，官兵都能勇往直前为国效劳。再加上坤兰甘亨在面对敌人时百折不挠、英勇善战的顽强品格和勇往直前的斗志，坤兰甘亨继任王位后，素可泰周边的小国一一臣服。经过坤兰甘亨多年的开疆辟土，素可泰王国已经成为当时中南半岛的一个强国，疆域广大。据碑文记载：在素可泰时期，坤兰甘亨征服了东方的沙隆松开、伦巴寨、塞卡、孔河两岸，以及永珍、永堪；南方的地区包括孔堤、帕邦、普勒、素攀奔、叻武里、碧武里、室利昙摩剌，以至南海；西方包括蒙束、蒙凤沙哇里，以海为疆；北方包括蒙帕、蒙曼；南面直至现在的洛坤府。坤兰甘亨时期国势强盛，但他并没有因此恃强凌弱，压迫不如自己强大的民族，而是团结周围各部落民族，与他们友好相处，平等对待。只要一个国家愿意归顺自己，那个国家的国王还可以继续当下去，不会掠夺其他国家的财产，还通过联姻的方式加强联系，把自己的公主嫁给其他国家的王子。每次打了胜仗，对于俘虏来的敌方士卒和人民，并不是残酷地杀戮和鞭笞，而是把他们分别赐给在战争中有功绩的贵族大臣和地方统治者。这些俘虏不是纯粹的奴隶，他们被允许拥有少量土地和财产，这种情况在当时其他封建国家是不可能存在的。坤兰甘亨大帝气度非凡，备受人民尊重。这种大度也为后来许多国家纷纷脱离他的统治留下了后患。

坤兰甘亨大帝苦于自己强大的帝国一直没有属于自己的文字，为了团结人民和维护国家独立，他召集全国的儒生贤士，对南印度文字派生出来的高棉文字加以改造，创造出了适合泰语书写的文字。这种泰文有44个字音和32个母音，虽然字母与高棉字母相同，读音也相仿，但具有自己的独特特点，比较弯曲的高棉文修匀，笔画变直比高棉文字更容易书写，将高棉文双重音的上下叠写变为平行书写，增加了节调，创造了4种节调的符号。开创文字是坤兰甘亨大帝超越于其他国王的独特之处。

虽然这些文字后来有所改造和发展，但现在的泰国文字确实是从素可泰时期发展而来的。坤兰甘亨大帝对泰国历史文化的继承和发展功不可没，对世界语言文字的贡献也不可小觑。古老的兰甘亨碑记载着泰人最早的文字符号，诉说着素可泰的独立和繁荣。现在这些石碑成为考古学和历史学研究泰国历史的珍贵文化遗产和宝贵财富。文字发明之后，坤兰甘亨又命一批人从中国引进雕版印刷术和造纸术，把泰国从远古文明留存至今的典籍印刷成书籍，也印刷了大量佛经。没有他的这些贡献，我们就无从知道那时候泰国是什么样子的。

文字和书籍的印刷传播，为素可泰文学的繁荣创造了条件。在那时候最为流行和最有成就的文学作品是诗歌，传说当时宫廷到处飘荡着吟诗唱和之声，这一时期最为著名的作品是《饮水誓盟诗》，全诗主要赞美和歌颂国王伟大的功绩，言辞华丽优美，音调悦耳动听，节奏欢快流畅，被搬上舞台，受到观众的广泛欢迎，源远流长。

5. 与中国的友好交流

坤兰甘亨国王为了巩固自己国家的地位和影响力，在外交上同北方两个邦国兰娜和帕要友好结盟。这为他后来锐意向南扩张发展,消除了后顾之忧。与此同时，他还十分希望与当时强大的元朝成为同盟关系，以获得元朝在政治上的支持。素可泰国王坤兰甘亨当政时期，正值中国元朝世祖忽必烈和成宗铁穆耳在位。他与中国元朝的统治者往来密切，曾先后5次派遣使者访问中国并敬献贡品，元朝统治者也承认了素可泰王朝的地位。

当时的泰国在中国被称为暹国,至元十九年（1282）元朝命万户何子志、千户皇甫杰到暹国宣扬国威，是致力于建立元朝与素可泰国官方联系的第一个行动。谁料想使者一去不复返。因为元兵所到之处，烧杀抢掠无恶不作，遭到很多国家痛恨。何子志等人在出使暹国的过程中遇到了极大的阻碍，去暹罗必经占城海道，占城为了惩罚元朝的罪行，在何子志等人经过时设下了重重埋伏，所乘船只在经过占城海道时被劫持，次年占城王杀了何子志、皇甫杰等100余人，以致元朝派出的首批使者并未到达素可泰。

数年后，素可泰国采取行动，主动与元朝交流沟通，派遣使者带着热带鲜果、金银财宝进献元朝皇帝，因为这是第一次到中国来，对路径不是很熟悉，对元朝朝廷的态度也不十分清楚。使者到广东由宣慰司将所献贡品递交给朝廷，就早早返回素可泰了。于是便有了史书上所记载的至元二十九年（1292）冬十月甲辰，广东道宣慰司遣人以暹国主所上金册诣京师的事情。其金册文书是由广东道宣慰司代递的。至元三十年（1293）夏四月甲寅,元朝第二次派遣使者招谕暹国，但是风云变化无常，元世祖还没有来得及看见这次下诏的结果便去世了。新皇帝元成宗铁穆耳即位不久，坤兰甘亨带着使者又一次进入中国，这一次准备很多厚礼以及各路艺人，一方面是为了获得元朝皇帝支持，让周边国家不敢肆意欺负素可泰。另一方面也想向中国学习一些生产制造技术，促进本国工商业发展。坤兰甘亨从泰国带来了一些中国没有的东西，如火龙果、波罗蜜果、佛经、大象和长颈鹿。这让没出过远门的国人大开眼界，元朝皇帝也欣喜不已，留下远方贵客在皇宫住了几天，请他们观看中国的戏曲。返回时，坤兰甘亨带走了中国一批瓷器匠人和工具，中国人开始为泰可素国王制造瓷器。中国陶瓷工人来到泰可素后，发现当地瓷土不符合制瓷条件，制造出的成品皆不能用，于是将情况报告给国王，坤兰甘亨得知此事后，批准将瓷窑迁移到素可泰北面50英里处的宋加洛，该地附近瓷土十分优质。坤兰甘亨时期，泰可素国建立了宋加洛瓷器厂，生产了一大批质地优良、设计精巧的瓷器，把中国制瓷技术传到了东南亚各国。现在这些瓷器成为收藏家的重要收藏品。

元朝第三次派出的使者动身还没有多久，素可泰的使者就又一次来到大都。暹国于成宗元贞元年（1295）进金字表，想让元朝皇帝派遣使者到素可泰国。元成宗赏赐来使金字虎符玉佩，派遣使者追随素可泰使者回访。此时素可泰与麻里予儿两个国家之间正相互仇杀，因为他们都归顺了元朝，元朝皇帝下旨两个国家停止战斗，和平相处。至此，两国之间的官方联系确立起来，元朝君主认为已达到招谕的目的，以后便再也没有派遣过使者去素可泰，素可泰仍然每年都会向元朝派遣使者，维持着两国的官方交往。

坤兰甘亨国王还亲自拜会了元世祖。从他后来为此行写下的一本日记中可以断定，他这次拜访是愉快的。元朝皇帝赐暹罗世子虎符。大德三年（1299），暹国的新国王上言元朝皇帝，他的父王在位时，元朝就赏赐白马及金缕衣，他希望元朝皇帝能继续遵照惯例赏赐同样的东西。元朝皇帝依旧赐给来使金缕衣等。

一切辉煌都会成为明日黄花，尽管坤甘兰亨国王把素可泰王国建设得如此强大，但国家繁荣只是表象，所占领的一些国家也只是暂时屈服称臣，很快这些国家就摆脱了素可泰的统治，恢复了以前的国家。天下2/3的国土成了别人的领土，辛辛苦苦打来的江山变成了握不住的沙。每个王朝都会面临这样的问题，盛极而衰。

新国王罗泰在坤兰甘亨逝世后，只是继承了王位，没有继承王气，他父亲的一切优秀品质都被他丢掉了，国家迎来的是一个只知道贪图享受、不管黎民死活的国王。他昏庸无道、懦弱求全，整天在宫中和大臣饮酒作乐，观看歌舞。在他的统治下，素可泰王国由辉煌一步一步走向衰落。一些属国和最外部的省份先后宣布脱离素可泰的统治。首先举起反叛旗帜的是属国白古，白古还攻占了马来半岛西岸的土瓦和丹那沙林等地，罗泰王虽尝试出师征讨，谋求收复失地，但最终失败了。相继独立的还有琅勃拉邦、万象、万侃和那孔氏探马嘞、难府等。再加上宫中王子互争王位，如一盘散沙，自此素可泰王国一蹶不振。

回顾坤兰甘亨大帝的一生，创立文字开创属于自己国家的文明，宣扬佛教传播宗教文化，南征北战扩张版图。可以说他年轻时的愿望基本实现了，是一位成功的国王。他曾先后5次到中国传播东南亚文化，并把中国的文化和生产制造技术传播给世界，是一位对中外交流做出伟大贡献的国王，在中国也是青史留名。

伟大而又仁慈勇武的坤兰甘亨大帝，是与素可泰王国生死与共的伟大君主。坤兰甘亨是东南亚地域上的一个奇迹。

“黑王子”
——宋德特·帕·纳黎萱·马哈拉吉

宋德特·帕·纳黎萱·马哈拉吉（泰语：**สมเด็จพระนเรศวรมหาราช**；1555—1605），简称纳黎萱，或译称“纳莱颂恩”。又称“Sanpet Ⅱ”（**สมเด็จพระสรรเพชญ์ที่ 2**），暹罗五大帝之一，别称“黑王子”，暹罗大城王国国王（1590—1605），中兴雄主，传说为泰拳的开创者。出生于大城王国的彭世洛，幼年时缅甸国王莽应龙征服暹罗，被作为人质送往缅甸。1571年放归，立为储君，随后领导暹罗军民反抗缅甸统治。1584年率军打败缅军，恢复暹罗独立。1587年又打败缅甸的反攻。1590年即位，改名称纳黎萱。1591年率军入侵柬埔寨，1592年缅甸乘机入侵，纳黎萱会师大破缅军，杀死其统帅缅甸太子。1593年再次入侵柬埔寨，次年攻陷其首都。后又从缅甸手中夺取马来半岛大部。纳黎萱于危难之中拯救了暹罗，并以其杰出的军事才能屡胜强敌。从此以后纳黎萱威名远扬，被后人称为“纳黎萱大帝”。

纳黎萱纪念像

1605年，掸邦领主由于遭到阿瓦国王阿那毕隆的进攻，向纳黎萱求援。纳黎萱出兵赴援，但在途中病逝。其弟“白王子”厄迦陀沙律即位为王。

1. 身不由己的人生

宋德特·帕·纳黎萱·马哈拉吉于公元1555年4月25日出生于大城王国的彭世洛，是当地权臣坦马罗阇的儿子。公元1563年，缅甸的东吁王朝国王莽应龙攻占了大城王国，坦马罗阇向莽应龙投降之后被扶植为傀儡国素可泰王国的国王。但作为交换条件，他必须交出两位儿子，让他们前往缅甸的都城勃固作为人质。在不得已的情况下，他只好将纳黎萱和他的弟弟当作人质送到缅甸。在缅甸首都勃固，纳黎萱接受了缅甸政府安排的军事课程，以及一些思想灌输的课程，与他一起生活的人还包括一些其他傀儡国家的王子，这些人与他的遭遇大体相似。可以说，相似的命运让这群孩子成了无话不谈的好朋友。

当时年仅 8 岁的纳黎萱对自己所遭遇的一切并不能理解，他还不明白为什么父母不能陪着他，他也不明白为什么自己不能回家。在刚来勃固的一段时期，纳黎萱非常想念父母，时常哭闹着要找爸爸妈妈，但是每一次都被身边的人训斥。他哪里知道，自己或许永远都见不到家人了。随着年龄的增长，他变得越来越敏感，他很想知道为什么自己虽然和其他缅甸王子一样被尊称为王子，待遇却十分不同。有一天，纳黎萱正在皇宫里看书，这时缅甸王室的一位王子走了过来，他伸手就拍掉了纳黎萱正在看的书。纳黎萱十分不解，自己什么都没干，为何总是被别人欺负。想到这些，愤愤不平的纳黎萱跟那位王子扭打起来，落于下风的那位王子指着纳黎萱的鼻子说：“你不过是一个失败者的儿子，是我们国家的人质而已。”当时的纳黎萱只有 12 岁，他虽然还不能完全明白人质的意思，但是隐约知道了自己的身份。他非常沮丧，想到落后就要被人欺负，心中很是郁闷。于是，他找到了自己的老师，并向他诉说了自己心中的苦恼。他的老师听后，语重心长地说道："面对生活中的挫折，勇敢者把它当成自己的敌人或是自己的朋友，是敌人，你就需要战胜它；是朋友，它会使你成长！懦弱的人把它看成永远不能战胜的苦难，这种人注定不会战胜挫折。所以你选择做一名强者还是懦夫，你要想明白……"听完老师的话，纳黎萱默默地告诉自己："我要成为一名强者！我要让自己的祖国强盛起来，我要让自己国家的人民不再受他国的侵略！"

时间一天一天地过去，很多其他傀儡国家的王子开始自暴自弃，他们不知道自己何时能够获得自由，于是开始自我放纵。而纳黎萱每天都不辞辛苦地训练，他相信终有一天，这些努力会有所回报。被作为人质8年后，纳黎萱已经16岁了，他十分清楚自己的身份和处境。他每天都在关注自己的祖国，希望能够收到让自己回国的消息。一天清晨，他照例去上课，在路上，他遇到了一位缅甸的王子，对方用嘲讽的语气对他说："恭喜你啊，王子，听说你可以回家了，是那个战败国，没错吧？"纳黎萱对这种不怀好意的讽刺早已见怪不怪，便不再搭理他。直到中午，他才知道了真相，原来他的父亲坦马罗阇同意把自己的女儿嫁给缅甸国王莽应龙做他的侍妾，以此来换取纳黎萱和弟弟“白王子”厄迦陀沙律的自由。听到这个消息，纳黎萱感到气愤。生在帝王之家，他们的命运总是掌握在别人的手中。当时的莽应龙已经年近古稀，而自己的妹妹正值青春年少，他怎么忍心看着自己的妹妹羊入虎口？可他想要自由，又感到无可奈何。纳黎萱内心五味杂陈，因此他暗暗发誓一定要让自己的国家独立，要打败敌人，让自己国家的人民过上独立自主的生活。

1571 年，当时只有 16 岁的纳黎萱回到自己的祖国，并被册封为摩诃乌巴腊，意思是暹罗副王，成为王位继承人。1574 年，纳黎萱的父亲发动了对万象的战争，但在战争中不幸感染天花，最后不得不撤军。1581 年，缅甸国王莽应龙去世，他的儿子莽应里继承王位，成为缅甸的新国王。1583 年，缅甸陷入内乱，当时缅甸的新国王莽应里命令纳黎萱出兵镇压缅甸的反叛军队，但纳黎萱希望这场内战消耗缅甸的力量，因此迟迟不肯出兵。缅甸国王莽应里察觉到纳黎萱想要独立和反叛的心思，秘密命令自己的儿子去攻打纳黎萱，同时要求孟族的一位首领一起配合共同攻打纳黎萱，以趁机消灭纳黎萱。但是孟族的首领一直对缅甸的殖民统治十分不满，于是将缅甸国王的这个计划悄悄告诉纳黎萱，甚至与纳黎萱合作一同进攻勃固。在进攻勃固之前，纳黎萱宣布暹罗国正式脱离缅甸独立。缅甸国王莽应里听到这个消息后勃然大怒，在平息叛军的同时回师勃固。由于当时缅甸的军事实力十分强大，纳黎萱不得不撤军。回到都城以后，纳黎萱下令，暹罗北部的所有城镇要时刻保持警惕，准备应对缅甸的进攻，纳黎萱做好了应对缅甸报复的一切准备。

不出所料，1584 年，缅甸国王莽应里派遣勃生领主率军入侵暹罗，纳黎萱亲自指挥这场战役，最后取得了胜利。1586 年，缅甸国王莽应里率军进攻暹罗，前后围攻其首都阿瑜陀耶 13 个月之久，但始终不能攻克，被迫回师。在这场对暹罗首都的围攻过程中，双方损失惨重。这场战争最终以缅甸退军、暹罗获得独立而结束。暹罗获得独立有两方面的原因，一方面是缅甸对于这场耗时又耗资巨大的战争已经感到力不从心；另一方面得益于纳黎萱优秀的军事才能和军民一起同仇敌忾，坚决抗击外来侵略者的决心。

2. 勇敢的“象兵”

1585 年，纳黎萱进军勃固，但由于阿拉干国王派遣菲利浦·德·布里托率葡萄牙雇佣军援助莽应里，加上清迈也在北部骚扰暹罗，未能得胜。不久之后，阿拉干、清迈等地相继背离莽应里，清迈更是为了抵御寮国的进攻而接受了暹罗的宗主权。

1590年，坦马罗阇去世，纳黎萱正式即位成为暹罗国王，称为“Sanpet Ⅱ”。同年，帕玛哈乌拔拉率领缅甸军队再次入侵暹罗，但遭到纳黎萱的突袭而败走。1592年，帕玛哈乌拔拉乘纳黎萱出兵柬埔寨之机，率举国之兵再次来伐，纳黎萱被迫回师迎战，两军交战于廓沙拉。

大约在公元前600多年，印度就开始训练大象，使其能够进入战场作战,这种部队被称为“象兵”。相传，古印度亚柏格皇帝曾命人驱赶大象冲向敌军。当大象向重兵据守的希托安要塞发起进攻时，速度极快，再加上体型庞大，可谓势不可当，巨大的象群让敌军惊慌失措、丢盔弃甲、抱头鼠窜。亚柏格率军一举夺取希托安要塞。从此，人们看到了大象在战争中的巨大作用。纳黎萱也训练了一支纪律严明的象兵部队。这支部队在后来的作战中发挥了重要作用。

公元1592年，缅甸派兵入侵暹罗，早有准备的纳黎萱奋起抵抗，亲自指挥战斗，他充分利用有利地形，设下埋伏。当缅甸军队进入埋伏圈时，纳黎萱亲自率领象兵冲杀在前。霎时间，缅甸军队大乱，泰军乘象兵之威奋力追击，不料反陷入缅军阵列圈里。当时的纳黎萱和自己的弟弟乘坐大象，身陷缅甸军队的围困。虽然大象在体型上占据巨大优势，但是毕竟周围有几万缅甸士兵，如果强行突围，到时不但出不去，只怕

象兵

落得象死人亡的境地。就在这时，纳黎萱镇静地环顾四周，看到缅甸储君正乘坐着一只大象，在不远处的一棵树下观战。纳黎萱曾经在缅甸皇宫生活了8年之久，他非常熟悉这位储君，对他的性格也非常了解。他想到，如果能够用激将法让这位昔日的“好友”与自己决战，或许还有胜利的希望。于是他很淡定地大喊道：“王兄，如此好的战事，你却只在树下乘凉岂不可惜？你敢不敢与我来一次较量？”对方听到以后，并不为之所动。纳黎萱又一次大喊道：“王兄，我早就料到你不敢与我交战，想想我还在缅甸的时候，你总是我的手下败将，如今，你更是不敢让别人知道你是打不赢我的！”说完，纳黎萱哈哈大笑起来，周围的人也开始跟着大笑起来。

对方看到这样的情景，有些坐不住了，他同意与纳黎萱进行一对一的决斗。这是一场生死较量，双方自然都不敢怠慢。他们都骑在大象背上，用长矛进行决斗。在第一回合的较量中，纳黎萱的头盔被对方刺破，对方见状更是沾沾自喜，他感觉胜利在望，不免有所轻敌。在随后的较量中，纳黎萱找准时机冲着对方脖颈部位刺去，储君的颈部被刺中，鲜血喷涌而出。缅甸军队看到自己的统帅被刺身亡，顿时乱作一团。泰军大获全胜。从此以后纳黎萱威名远扬，被后人称为纳黎萱大帝，他和他的象兵成为如今泰国男女老少喜爱的偶像。

据传说，当天这个反败为胜的日子正是 1593 年 1 月 18 日。时至今日，1 月 18 日这一天仍然是泰国建军节。

从此，暹罗掌握了战场的主动。不久，纳黎萱攻占土瓦和丹那沙林，次年又占领毛淡棉和马都八，在孟加拉湾建立了自己的海军，并获得当地孟人的效忠。接着，纳黎萱又回师灭亡了柬埔寨，将其降为附属国，解决了后顾之忧。

1599 年，阿拉干、暹罗、东吁三国联军再次攻打勃固。由于孟人在东吁的游说下叛乱，纳黎萱被迫回师镇压叛乱，致使未能赶上勃固的陷落，没有瓜分到战利品。愤怒的纳黎萱转而攻打东吁，但未能获胜。1605 年，掸邦领主由于遭到阿瓦国王阿那毕隆的进攻，向纳黎萱求援。纳黎萱出兵赴援，但在途中病逝。其弟“白王子”厄迦陀沙律继位。

3. 创立泰拳

传说泰拳由纳黎萱创立。因为有自小被当作人质的经历，纳黎萱非常要强和努力，无论在什么方面，他都绝不服输。相传，纳黎萱创立泰拳的原因就和他在缅甸的生活有很大关系。

纳黎萱在他 8 岁的时候被送到缅甸的皇宫充当人质，由于年幼，对什么事物都非常好奇，也因为思念父母而经常哭闹，并不受那些仆人的喜欢，甚至经常招致一些仆人的责骂。这对于从小过惯了锦衣玉食的小纳黎萱来说，实在是非常难熬的事情。纳黎萱从小身体并不是非常好，在缅甸皇宫里经常受人欺负。每次和别人闹矛盾打架，他总是失败的那一个，一些调皮的缅甸王子嘲笑他，说他的父亲是一个失败者，他也是一个失败者。这对自尊心非常强的小纳黎萱来说，简直是耻辱。有一次，纳黎萱的老师送给他一把非常漂亮的宝剑作为生日礼物，纳黎萱非常高兴。他兴高采烈地要去找自己的小伙伴们，想要和他们分享自己的快乐。在路上，突然被一个长得高高壮壮的男孩——缅甸一位霸道的王子挡住了去路。

“臭小子，你手里的宝剑，拿给我们看一看！”这位王子盛气凌人地说道。

“这是我的，凭什么给你？”纳黎萱倔强地说。

“不行！你就得给我！”这位王子说着就要过来抢。

纳黎萱自知打不过对方，撒腿就跑，但他哪里是那个王子的对手，很快就被他逮住，挨了一顿打，但是纳黎萱紧紧抱着手中的宝剑，怎么也不松开手。王子看到他性格如此倔强，生怕再打下去会出人命，这才松开了手悻悻离去，走的时候又一番嘲讽：“你就是一个失败者，注定永远都是失败者，哈哈哈哈！”说完大摇大摆地走开了。

此时的纳黎萱满脸是血，他心里想：“我以后一定不要受人欺负，有一天我一定能成功！”也是从那个时候，他下定决心，一定要学好老师教的武术，锻炼好身体，将来一定要出人头地。于是每节武术课纳黎萱都非常刻苦地学习，即使是不上课的时候他也会坚持每天锻炼身体。皇宫里的人们每天都会看到坚持锻炼的纳黎萱。

时间一天天过去，纳黎萱已经长成一个半大小伙子了，这时候已经没有人再敢随意挑衅强健的纳黎萱。纳黎萱在锻炼的过程中发现老师教授的拳法虽然能够起到健身的作用，但是攻击性不是很强。通过细心观察，纳黎萱发现当时的整个缅甸的军队都在使用这套流行的拳术。纳黎萱心中默想，有没有一套更厉害的拳法呢？纳黎萱每天都在思考着如何向对方发起进攻，怎样才能击中对方的要害，纳黎萱不断对自己研究的拳法进行修改。

纳黎萱在16岁的时候才被缅甸国王允许回国，回到祖国的纳黎萱为了能够让自己的国家独立，一直秘密训练自己的军队，他训练军队的方式并不是简单的操练，而是加入了自己创制的一套拳术。这套拳法非常地凶悍，在这套拳法的训练下，纳黎萱的军队异常勇敢凶猛。在他的带领下，暹罗最后获得了解放。在取得胜利之后，纳黎萱并没有停止对军队的严格训练，纳黎萱深知想要国家强大，军队必须强大。后来，纳黎萱又将这套拳术列入军队训练必练项目，并起名为“奔南”。“奔南”也就是暹罗的土拳。这套拳法以凶狠毒辣著称。其招式有头撞、口咬、拳打、脚踢、蹬踹、扫绊、肘击、膝顶、肩抵、臂撞、推拽、抓捏、压打和摔跤等。可以说只要能伤到对方的招式都可以使用。练习者全身的任何部位都可以发起攻击，这是一种用于实战的拳术。据说古代泰族士兵习练拳术后，无不强悍勇猛。纳黎萱大帝也被认为是泰拳的创始人。

如今泰拳不仅在泰国非常流行，在世界范围内也有非常多的学习者。泰拳作为泰国最著名以及最受欢迎的格斗技巧之一，现在不仅仅具有强身健体的作用。通过泰拳比赛的形式，泰国与其他国家的沟通和交流得以加强，它对泰国的旅游业发展也发挥着重要作用。

4. 暹罗与中国的交往

与泰国古代的历代王朝一样，纳黎萱国王充分利用其处在中国、印度、欧洲连接点上的位置优势，大力发展与中国的贸易往来。大城王朝时期，泰国就与中国有商业往来，当时主要是开展粮食贸易。大城王国通过向中国出口大米来增强两国的友好交往。此外，它还与日本、琉球等东亚国家、东南亚诸岛、阿拉伯、波斯及西洋国家等进行贸易并积攒大量的财富。另一方面由于中国与泰国人员的频繁来往，在中国文化的影响下，泰国发展出自己特有的辉煌文化。大城国王一直非常重视发展与中国的关系，每年都会派使者前往中国。大城王国为保护本国的经济，对很多国家的商人制定了各种限制，唯独对中国例外。可见，当时两国的关系非常要好，那时的中国实力极强，包括暹罗在内的很多东南亚国家都与中国建立了良好的关系。

除了军事才能，纳黎萱国王还以他的外交才能闻名于世。在纳黎萱统治时期，中国专门为暹罗使者设立了休息处。他们在中国享有很高的待遇，每年暹罗使者来到中国，明朝政府都会设宴招待。明太祖甚至还亲赐“暹罗国王之印”，从中我们可以看到当时中国和暹罗双方关系的和睦。“想到贵国所给予我们的优惠和各种贵重礼物，我们不胜感激。”这是当时暹罗的一个大使对中国皇帝表达其感激之情时所说的话。明朝的皇帝对暹罗的统治者给予了高度评价，认为纳黎萱大帝是“暹罗了不起的皇帝，是暹罗伟大的统治者”。

除了政治交往以外，两国之间还进行了贸易往来。每年暹罗都会有商人来到中国进行商业贸易，并且他们经常会带些本国的特产，这些特产深受当时中国人民的喜爱。人们在喜爱暹罗商品的同时，对他们的国家也产生了好感，这些商业贸易可以说是两国商业活动的开始。两国长久以来良好的商业往来为当今两国的友谊打下深厚的基础。

纳黎萱国王不仅重视两国在政治和经济领域的交流，还非常注重两国的文化交流，在纳黎萱统治期间，他一直派遣对中国有所了解的使者出使中国。他们通过与中国百姓和官员的交流，逐渐了解了中国的风土人情，也掌握了一些中国的农业技术，例如一些种植技术、桑蚕养殖技术等。使者们把这些先进技术带回暹罗，推动了国家经济的发展。这些活动增进了两国的友谊，深化了两国人民的互信了解。纳黎萱国王在中国和泰国关系发展中也起到了举足轻重的作用，对两国的政治、经济、文化等方面的交流都有深远的影响。

华裔大帝——郑信

16世纪，随着世界航海事业的发展，西方列强对东方虎视眈眈，开始了他们的侵略之路。暹罗作为当时东南亚的一个国家，最早遭到葡萄牙、西班牙和荷兰的入侵和掠夺，后来第一次工业革命后，英国和法国后来者居上，占据了这一地区的贸易财富。英法列强并不满足于单纯的贸易往来，他们想把暹罗及其周边国家变成自己的殖民地，以便于疯狂地获取原材料和市场。暹罗人不得不开始了他们的反抗之路。1688年，帕碧罗阇领导的驱逐法国殖民者的斗争给予西方殖民主义势力以沉重打击。虽然暹罗的主权得保全，但之后国内矛盾激烈，起义不断发生。阿瑜陀耶王国末期缅甸也向暹罗发难，并导致了王朝的覆灭，郑信就是在这样一个危机四伏的情况下，以他卓越的军事才能力挽狂澜，使暹罗结束战乱，获得统一。

郑信（1734—1782），又称达信大帝、吞武里大帝、郑昭（王）。吞武里王朝开国国王。出生于阿瑜陀耶城，华裔，祖籍广东澄海。其父亲郑镛在郑信很小时就去世了。之后郑信以财政大臣披耶节基为义父，13 岁入职宫廷侍卫，后来升为侯王，封爵为披耶，暹罗人称他为披耶达信（P' ya Taksin）。缅军入侵暹罗，攻陷大城王朝首都，国王死亡。郑信高举义旗，借力华侨和泰人，发起反击，击败缅军，建立泰国第三代王朝，时称吞武里大帝。郑信爱民仁德，是泰国最伟大的五位大帝(包括坤兰甘亨大帝、纳黎萱大帝、郑信大帝、马古大帝、朱拉隆功大帝）之首。

1. 幸运女神眷顾的童年

泰国旧称“暹罗”，于 1949 年更名为“泰国”，意为希望泰国能够成为一个自由的国度。在泰国的历史上一共有四个王朝：素可泰王朝、大成王朝、吞武里王朝和曼谷王朝。泰国在朝代的更迭中不断进步发展。每一个朝代都不乏优秀的君王带领人民浴血奋战。坤

郑信

兰甘亨大帝、纳黎萱大帝、郑信大帝、马古大帝、朱拉隆功大帝等为国家的建设和发展奉献了毕生的精力。其中吞武里王朝的大帝郑信战功卓越，他为泰国人民扫除外敌、保卫家园做出了巨大的贡献。时代的变迁也必抹除不了他的功绩和人民对他的敬仰。

世界各地都有华人的足迹，虽然他们远离故土，但却一样流着炎黄子孙的血液，一样是龙的传人，他们是世界人口不可缺少的部分，为世界的发展做出了突出的贡献。在泰国还被称为暹罗的时候，有一个中国华人的后裔在泰国的发展史上留下了浓墨重彩的一页。郑信算得上第一位也是唯一一位在中国外的土地上浴血奋战、成就国王霸业的华人。

清乾隆年间，郑信在泰国建立了吞武里王朝 。郑信的祖籍是中国广东澄海县中外莆都（今广东省汕头市上华镇）华富村，父亲名叫郑镛，又名海丰，是清雍正年间（1723—1735）南渡暹罗的一个贫穷农民，家境贫寒的他年轻未能娶妻，没有自己的土地，常年受地主的压迫，很难有出头之日。这对于一个正值壮年的人来说是难以忍受的。生活摆在他面前的只有两条路，要么忍气吞声，渐渐习惯这种被人奴役的生活；要么离开这里，寻求机遇，或许能够改变现状。郑镛是一个头脑灵活非常机灵的人。贫穷的生活使郑镛身上沾染了一些痞气，却没有消磨掉他的智慧和勇气。在乡间难以立足而又不甘现状的他自然不会甘愿长期忍受地主的压迫，对人生颇有规划的他是在等待一个机会，等待一个能够改变自己境遇的机会。中国古代就有许多乡间小民是凭借自己的能力成就一番事业的。汉高祖刘邦当初也不过是乡间的一个无赖之徒，最后却能创建举世无双的大汉王朝。明太祖朱元璋最落魄的时候还当过乞丐。中国虽是一个等级森严的封建王朝，讲究“天命所归”和君权神授，但历史终究是由英雄和广大人民一起创造的。“王侯将相，宁有种乎”虽然被朝廷视为反动言论，但在乱世却是英雄各施豪情的理论依据。这些故事源源不绝地在民间流传，郑镛从小也是听这样的英雄故事长大的，虽然他并未有过改天换地的理想抱负，但叛逆的种子早已在他的心里生根发芽。贫穷的生活渐渐把他逼入绝境。绝地的处境往往能爆发出一个人最大的潜力和敢于直面生活的勇气。他不相信富贵由天定，希望能经过自己的努力过上好的生活,能够有钱娶妻生子。浪荡乡里的生活，使郑镛的身上少了些农民的猥琐怯懦，多了几分放达胆识，当机会摆在他面前的时候，他会毫不犹豫地抓住并放手一搏。走私暹罗的木帆船出现在眼前时，他知道这就是他要等待的机会，他毫不犹豫地抓住并只身一人南渡暹罗谋生。机会是留给有准备的人，同时也是留给有决断力的人的。郑镛做了一件在当时很要有胆量的事情，一旦被政府捉住就会被处以斩首的重刑。无疑他的放手一搏获得了首次胜利。新的征途意味着他放弃了清朝子民的身份，同时也意味着他再也得不到自己国家的保护。他远离了家人、朋友，远离了养育自己的土地，从此就是大海中的一叶浮萍，失去了自己的根基。这对于有着“落叶归根”思想的炎黄子孙来讲同样是残酷的。生活就是这样，当你费尽心思到达你想要去的地方时，却发现生活无论在何处都是残酷的，暹罗的形势一样不容乐观，生活在底层的人民一样没有活路，何况他连暹罗人都算不上。这时的郑镛有没有后悔自己当初的决定，我们不得而知。但他很快适应了新环境，为自己所做的选择默默奋斗。

起初，生活过得很是艰辛，但他凭着胆识、辛劳与智慧逐渐站稳了脚跟。后来幸运之神悄然而至，他在一次赌博中赢了许多钱，慢慢摸清了赌场的套路，凭借灵活的头脑在赌场中混得风生水起。后来他取得了京城赌场的承包权，开始发达。好事接连不断，爱情也悄然降临，他爱上了当地一位勤劳美丽的姑娘洛央，并娶她为妻。不久，生下了爱情的结晶。郑镛在异国赚得了他家庭事业双丰收的生活，并且给泰国带来了一位保家卫国的英雄。郑信父亲的故事是华人在海外谋生获得成功的典型例子，激励了许多华人为了改变命运而走出国门。

1734 年 4 月 17 日，郑信在父母的期望中出生了。他的出生给了已在泰国漂泊多年的父亲很大的安慰。随着年龄的增长，人的思乡情绪就会越浓，看着与自己颇为相像的儿子，郑镛的心中总是阵阵酸楚，回不去的故乡成为郑镛晚年的一块心病，最后忧思成疾，在郑信很小的时候就抑郁而终。郑信的一生颇具传奇色彩，泰国民间就一直流传许多关于郑信出生时的传说。传说郑信出生之时就异于常人，他与佛祖生前的体型极为相近。这在佛学思想浓厚的泰国是极其祥瑞的征兆，人们都在议论这是百年难得一见的异象，这孩子说不准是佛祖转世，长大后必是人间龙凤。英雄的人生本身就带有传奇色彩，这些传说可能增强他们在民间的流传度和即位的合法性。

幼年丧父，郑信与母亲相依为命。似乎真的有上天庇佑，郑信的童年并未因丧父而生活艰辛，他受到当时的财政大臣披耶节基的喜爱而被收为养子，随之其名也称披耶郑信。披耶节基给这个孩子取名为“信”，在泰语里意为“财宝”，寄托了披耶节基对他一生富足平安的希冀。郑信的父亲虽然在泰国发家，但他始终是个外来户，在泰国的社会地位并不高，与披耶节基有着巨大的身份差距，一位财政大臣收养一个外来户的孩子，将其视为自己的儿子，这在当时也是绝无仅有的现象。这件不可思议的事情在民间衍化出关于郑信的另一段传说。有一天，披耶节基上完朝回家，在路上，他看见一条彩色的大蟒蛇盘旋在一个婴儿摇篮的上方，颇为诧异，走近一看，篮子里的婴儿就冲着他咯咯笑。那一刻，披耶节基看见身形颇似佛祖的孩子，深觉这就是佛祖给他的灵示，当即决定将郑信收为养子，并给予他最好的生活和教育条件。仔细分析，披耶节基何以要通过普通的居民区才能到家，更谈不上路过郑信的家门口了。大蟒蛇是中国神话中极具祥瑞的征兆，往往是帝王未登位之前的象征。这个极具中国色彩的神话传说或许只不过是胜者对其地位合法性的神话宣扬。事实可能只是披耶节基当时没有孩子，见到在自己领地的郑镛的儿子比较合眼缘，便心生了收养孩子的想法。披耶节基收养了郑信，以后对他极为宠爱，所以郑信的幼年并未因为没有父亲而受到同伴的欺负。他的人生一直很顺畅。

时间过得真快,一眨眼。郑信已经到了上学的年纪。披耶节基把他送到一所只有贵族子弟才可以进入的上座部佛教僧院学习。父亲的早逝使得他失去了了解中国的机会。在泰国传统的佛教教育下，郑信完全成为一个地道的泰国小孩。6 年的佛学学习使得郑信拥有了丰富的佛学知识。按泰国的习俗，男子 13 岁即为成年，并且要举行正式的成人礼才算进入一个新的人生阶段。郑信邀请义父披耶节基为其举行了具有成年意义的“剃顶髻”的仪式。

泰国是一个深受佛教影响的国度，入寺修行就像今天的服兵役一样平常而颇具荣耀。郑信在完成成年礼后依照习俗落发为僧，那时泰国把年纪尚小的和尚称为小沙弥。出家当了小沙弥的郑信继续研究浩如烟海的佛经，并从中收获了许多，他成为一个经过了系统佛学教育的佛家弟子和泰国知识分子。身兼家庭责任的郑信不可能在寺院里度过他的一生，学习基本完成后便还俗回家，此时的郑信既有经过佛教熏陶的超然气度又有蓬勃向上的精神朝气，是一个极易受人喜欢的年轻人。

他的义父见他十分优秀，便举荐他进入宫廷担任侍卫。这样一个耀眼的年轻人走到哪里也会闪闪发光。国王初见郑信就对这个年轻人赞赏有加，立即将他提升为贴身侍卫。而且国王觉得郑信年纪尚小，应该接受更丰富的知识，特别下令让郑信继续学习佛学，并给他提供了能够学习父亲祖国语言的特权，这着实让郑信高兴了许久。在泰国的习俗中，男子到了 21 岁时还要举行一次比丘仪式，由父亲为自己落发出家。郑信依照习俗由其义父披耶节基大臣为其落发，并拜当时的泰国高僧为师。小沙弥的生活已经让郑信十分熟悉寺院的生活，每天都会在固定的时间做固定的事。打坐和读经成为他每天的必修课，寺院内的生活在平常人看来是那么枯燥乏味，但在身居其中的僧人看来，确实能够在这样的环境中更好地领悟人生的真谛，他们感觉自己是最接近幸福和真理的人吧。

时光已过去三载，郑信的苦修生涯也要结束了。回归社会，国王依然把他留在身边担任内廷职务。这时的泰国处境危险，面临着缅甸入侵的威胁。养兵千日用兵一时，国王当即派这位优秀的年轻人以副府尹的身份前去保护国家。郑信真正的人生在这一刻拉开了序幕。郑信的能力在这个地方一步步得到展现。后来，因为他的功绩被晋升为达城的主要负责人，并授予爵位。青年时代的郑信虽然幼年丧父，却得到了受高等教育和进入泰国上层社会的机会，这为他以后的传奇人生做了很好的铺垫。人的成功除了机遇和天赋外，更重要的是个人的努力。年轻的郑信，没有浪费接受系统良好教育的机会，他勤勉好学，对文学也充满兴趣。郑信的幼年和青年时代是在幸运女神的眷顾下度过的。

2. 御敌卫国的民族英雄

郑信大帝一生的血汗洒满了泰国每一寸曾被缅甸入侵的土地。英雄男儿一生戎马都是为了保卫国家不受外族侵略，每个国家都是由于这样的热血男儿冲锋在前，才有了如今平安稳定的幸福生活。郑信在战场上杀退了敌人，杀出了一个王朝，实现了国家与个人的双重价值。这也是华裔在海外创造的丰功伟绩，同样值得我们骄傲和自豪。

郑信画像

在郑信的一生当中，真正的功业建立始于他受国王的命令前往达城守卫泰国边境开始。每个英雄在成就大业之前都有一个能够锻炼自己能力的成长机会。达城就是郑信迈向社会、迈向军营的第一个训练场。在达城，郑信完成了从青春少年到铮铮铁骨的完美蜕变，这种蜕变是在各种职位上的摸爬滚打中完成的。在这一时期，刚开始，郑信被皇帝派任为巡抚官员,代表皇帝去各地巡查。郑信在接受任命之后，立即启程，巡察了泰国北部的各个城池，作为国王的眼睛，他一丝不苟，严格核查各地政府情况，真心实意为民众办事的政府得到了郑信的赞赏和朝廷的奖赏；对于贪污腐败严重，压榨农民的政府严厉打击；对于情节严重的，郑信依据泰国法律处以应有的刑罚。同时郑信还处理了许多冤假错案，给了权贵世族以权谋私为所欲为的行为敲响了惩戒的钟声。这一奖惩严明的措施肃清了地方的风气，获得了当地民众的支持和拥护，得到了人民良好的赞誉，郑信的名字就像神一样开始活跃在人民的心中。

郑信的能力有目共睹，很快他就得到了国王的提升。出任达城副官是郑信政治生涯的一个起点，他开始涉及管理一个城邦的核心内容，他的学习能力很强，很快就对城内事务有了清晰明了的认识。这个时候，郑信主要是协助当时的城主处理一些发生在城内的各种情况。这为郑信接任城主做了铺垫，此时，郑信已经不是一个在皇宫保护下的内廷官员了，他的历练使得他能够独当一面，独立管理一个城邦了。在达城的城主死后，郑信顺理成章地当上了城主。这给了他一个更加广阔的施展自己能力的天地。他的理想、他的治理理念都可以在达城得以实现。朝气蓬勃的年轻人不知辛劳地挥洒汗水，建立事业。在他担任城主期间，达城的变化与日俱新。摆脱了老城主时期衰迷、保守和不思进取的颓废局面。新的城主给达城带来了生命的活力和创造力。无论是郑信还是城邦的普通人民，心中都充满了对未来生活的美好向往。达城在郑信和城邦人民的共同努力下成为一个繁荣的城市，郑信更加赢得了人民的拥护。郑信在毋隆葛王时代所做的工作不仅造福了当地的百姓，而且为他以后的成功奠定了基础，使他在泰国王朝中获得了一定的威望。

一直对郑信颇为赏识的毋隆葛王因病驾崩，听闻此消息，铮铮男儿留下了心痛的泪水。这位赏识他的伯乐，这位在他人生中给予他许多机会的国王最终被死神召唤离开了他，而他远在达城都未有机会见国王最后一面。新的亿卡塔王即位后，对政府官员进行了一定的人事调整。国王颁发诏书命令郑信回京，并命他担任了甘烹碧城城主，这是对郑信职位的一次提升。郑信奉命离开达城时，全城的百姓都出来挽留这位尽职尽责的城主，他们都为城主的离开而痛哭流涕。郑信看到这一情景也心有不舍，但王命难违，他只得狠心骑马飞奔而去，离开了与他已建立深厚情谊的达城人民。回到京师后，郑信祭拜了毋隆葛王，并觐见了新的国王，汇报了他在达城的工作成果，亿卡塔国王十分高兴。因缅甸大军入侵，回到京师的郑信还未好好与家人团聚，就收到了亿卡塔国王的诏令，要他留在京师协助御敌。原来，此时的王朝势力渐微，而新的国王却没有治理国家的经验，国内矛盾重重，经济萧条，而此时邻国缅甸拥有一定的实力，面对泰国的衰落，想借机发动战争谋取利益。这次侵袭来得毫无预兆，本来就国衰兵弱的泰国更是无力招架。

1765 年，缅甸突然发动袭击，迅速占领了暹罗的许多城市，直逼暹罗都城阿瑜陀耶城。毫无准备的泰王匆忙出兵应战，可这些多年未经历战争的泰国士兵抵挡不住缅甸军队，缅军轻易就包围了整个都城。在缅军准备发动进一步进攻之时，闻讯而来的郑信看到早已血流成河的战场悲痛不已，当即组织具有战斗力的军将和城内百姓投入战斗。有了郑信这个首领，泰国的士兵也有了拼杀的勇气，一时间竟与强大的缅军形成对抗之势。面对强势的郑信，缅军一时难以攻下，就买通了亿卡塔国王身边的官员进献谗言，指责郑信不听王命擅自燃放大炮，这是对国王的极度不尊重。本来就不信任郑信的亿卡塔国王听闻后更是心生恐惧，当即撤回了在阵前杀敌的郑信。军队没有了郑信的带领，立即军心涣散，在缅军的攻击下溃不成军。不得国王信任的郑信只得带领自己部下奋勇杀敌，但士气已无，粮草、军备残缺不齐，纵然是英勇无敌的郑信也深觉回天乏术。经过反复思虑，他决定带领仅剩的士兵突围而出再寻找新的机会。

此时的退步并不是永远的退让，只是以退为进，积蓄力量，等待时机。逃亡途中，郑信一直无法摆脱追兵的攻击，只得边战边退。由于郑信的战术灵活，数量远远多于郑信的缅甸军队始终拿他没办法。到了空那育府附近的菩三浩村的时候，郑信看到了这里的地形有利，便心生一计，决定利用这里的地形隐藏自己，给予敌人意想不到的一击。毫不知情的缅军走入郑信的陷阱，付出了惨烈的伤亡代价。处于绝境的郑信爆发出了极大的潜力，带着他为数不多的手下歼敌2000多人，缴获了大量的装备武器，士气为之大振。郑信一战成名，成为泰国人心中的战神。在郑信的号召下，各地民众都前来加入抗击缅军的队伍，保卫自己的国家。郑信的军队人数迅速攀升，还划分了许多不同的兵种，在郑信的严格训练下，部队拥有极强的战斗力。此时，除了缅军的威胁，泰国国内也出现了许多拥兵自重的势力，这些势力皆为一盘散沙，各自为政。此时的暹罗人民性命朝不保夕。面对如此局势，郑信不得不加快壮大自己部队的速度。就在此时，缅军攻破都城的消息传来，郑信更是心急如焚。

1765年，缅甸军队进犯暹罗，国都被围困了一年零两个月之后，于1767年4月失陷。都城被破，缅军在席卷了城内的一切财富后便放火烧了整个都城，暹罗四个世纪以来的文明顷刻间烟消云散，古都即刻化为灰烬，无数文化宝物也被劫掠一空。战争带给这个国家毁灭性的打击，曾经繁华非凡的都城在战争的破坏下成了一座名副其实的鬼城。随之不久，泰王驾崩，国家分裂为6个部分，郑信控制着昭披耶河东岸。国家破亡虽然刺痛了郑信的心却没有让他丧失理智。他冷静分析形势，认为想要收复暹罗必须渐渐扩大自己的势力，将失复的土地和城市一块块、一个个地收复回来。

面对强大的敌人，郑信毫不退缩，反而越战越勇。或许是早就听说了中国巨鹿之战的故事，或许是英雄所见略同，郑信也像项羽一样以破釜沉舟的决心带领着他的军队冲向尖竹汶城。虽然也付出了巨大的代价，但命运之神还是站在了郑信这边。受伤的大象兵在惊吓之中撞开了城墙的大门，郑信和他的手下趁机破门而入，抢占了战机。城内的士兵被对方的士气吓得四处逃窜，纷纷投降。郑信成功占领了这座城市，扩大了自己的势力范围。经过不断地南征北战，郑信收复了大量的土地，并且建立了自己坚实的抗战根据地。反击缅军的力量逐渐成熟，郑信很快就能实现自己的梦想和承诺。

1767年10月，获得广泛支持的郑信开始率领他的大军向都城攻去。一路上所向披靡，已被战争拖得疲累的缅军早已没了先前的气势，粮草的供应不足，他们的信心越来越弱。加之，当时还要应对来自中国的压力，分身乏术的缅甸军节节败退，难以抵挡郑信的强势进攻，被迫从暹罗撤退。11月6日，郑信率领自己的军队成功收复了阿瑜陀耶城，外敌终于被赶走了，但却留下一个残破不堪的国家等着郑信一步步去修复。这个天下是郑信拼死打下的，1767年12月28日，年仅34岁的郑信被拥立为国王，迁都吞武里，建立吞武里王朝。

此时的郑信不能有一丝的懈怠。他立即召开群臣会议，制定治国良策。他在位时期所实行的政策大致有以下三点。一是召集臣民，为了尽快恢复国家的行政机构，使得整个国家机器能够顺利运行起来，郑信以诚意邀请前朝旧臣来朝任职，并给予丰厚的待遇，这一政策加快了泰国步入正轨的速度。二是完成统一，虽然泰国已获得了整体的和平，但还存在着许多地方割据势力，这些势力严重威胁了泰国中央的安全，郑信便不断派兵镇压，继续为实现泰国的全部和平而努力。1770年，泰国完成了和平统一的大业，郑信为此举行了三天三夜的庆典活动，全国人民都为这来之不易的和平庆祝，并流下了激动的泪水。三是加强国防力量并且开拓国土，完成泰国统一的郑信似乎并不因此而满足，他想要为泰国赢得更多的领土，便开始了又一次的战争。1774 年间，先后征服了喃奔、帕、难、兰那、老挝等城。因此，郑信一朝的国土，北边拥有老挝境内的万象、銮巴茫；南边统领甲兰单、单卡奴、沛武里；东边拥有老挝、高棉湄公河地区，窥望越南边境;西边国土远达缅甸的毛达玛、塔威马力、禾脑悉。刚刚才获得和平的士兵又被派往前线。这一政策虽然确实为泰国赢得了更多的土地，但也极大地消耗了泰国的国力，并且成为吞武里王朝短暂而亡的重要原因之一。

郑信大帝的一生一直为维护国家领土的完整而战，他的王朝是用自己的鲜血建立的，他的功绩历史会铭记，受益的人民也会时常怀念曾保卫过他们的大帝。

3. 短暂但绚丽的王朝

1782 年 4 月 7 日，在一次宫廷政变中，郑信被杀，享年 48 岁。

郑信开创的王朝一世而亡，随即很快被好友昭披耶却克里创建的曼谷王朝替代，人们在感叹这位华裔英雄戎马一生的光辉岁月的同时，不免为之遗憾，轰轰烈烈的开始何以导致匆匆结束？大致有以下几点原因。

一是对佛教的大清洗。众所周知，泰国自古就受印度佛教的影响，这一文化已深深地扎根在泰国人民的生活中。许多泰国人都会主动进入寺院进行修行。郑信儿时和青年时代也曾在寺院里学习知识和研究佛法。哪怕是今天现代化的佛教都没有减弱他的影响力，何况是在郑信那个年代。佛教不仅是人民的精神信仰，还是已经渗透到国家政权中的力量。本来深知佛教力量的郑信应该利用佛教的巨大作用来维护自己的统治，但他却觉得泰国的佛教势力太过强大，甚至超出了作为国王的他的权力，郑信不听群臣建议，决心要消除佛教对于泰国的影响。他低估了佛教高估了自己，妄想以一人之力彻底改变泰国，使泰国人仅以他为最高的王和神，却是伤害了民众，也伤害了自己。郑信为了集中中央权力，不顾这种深厚的根基，就对佛教进行了大规模的清洗，严重伤害了泰国人民的佛教情感，使得其渐渐丧失了在泰国人民的心中的好感，并且受到许多忠实佛教徒的强烈反抗。

二是对华人的过度重用。郑信是第二代华裔，虽然从小接受泰国教育，但是却很难完全消除故国的影响，这使得郑信有着强烈的亲华倾向。在恢复泰国和平的事业中，他虽然也任命泰国人为将领，但那些华人却是郑信更加信赖的力量。在他建立王朝后，任命了许多和他一起建功立业的华裔将领以重要职务，将许多泰国人排除在权力中心之外。这就严重伤害了泰国本地官员的利益和他们的民族情感。他们不愿意自己的国家被掌握在别人的手里，本来就有的排外心理就更加严重，对郑信的统治就更加不满。这一举措也确实引来了许多人的反抗，但郑信并没有看到问题的本质，通过合适的方式来解决矛盾，反而运用暴力的手段来威慑泰国人，这就使得矛盾更加激化，也为郑信的结局埋下了杀机。

三是猜疑的恶果。成为泰国的国王虽然是通过郑信自己的努力得来的，但高处不胜寒，作为华人的后代，他有着深深的自我排外感。郑信对身边的人极度猜疑，使得整个国家人心惶惶。郑信以极其残忍的手段对待被他怀疑的人。就像明朝朱元璋设立的东厂和锦衣卫一样，严格监督人们的一言一行。郑信还让官员之间彼此互相揭发，使得整个朝廷充满着危机。他所实行的酷刑也非常人能忍受。他似乎还未从战争的残酷中调整好自己，变得越来越残暴。郑信在百姓心目中的形象由原来的“保护神”变成后来的“暴虐狂”。泰国也因郑信的暴政哀鸿遍野。

四是不断地武力扩张。刚刚结束战争的泰国需要的是休养生息，尽快恢复被战争破坏的一切。而在战争中得到极大满足的郑信却不顾国家的现状，继续发动危害国家和人民的扩张战争，动摇了国家的根本，毁掉了人民对他的支持。他为扩张领土所发动的战争不是正义的战争，只是为了满足自己的野心而已，难以获得人民的支持和长久的胜利。穷兵黩武是郑信走向灭亡的重要原因。

在多种因素的作用下，郑信的生命走向结束。他最好的朋友，也是曼谷王朝的创立者昭披耶却克里杀害了郑信。本来是生死相依的兄弟，他们互相信任，在泰国的土地上为了实现他们统一泰国的雄心壮志一起浴血奋斗。但人的一生中都会面临诸多变化莫测的事情，郑信不会想到昔日歃血为盟的兄弟今日却变成了自己的催命符。年仅 48 岁的郑信在完成了统一泰国的大业后终为历史所抛弃。他被香檀木敲打后脑导致失血过多而死，这样的结局不可谓不悲惨。或许郑信到死都不会相信是自己肝胆相照的兄弟结束了他的生命，夺去了他的荣耀。一代英雄就这样结束了自己的一生，他所创立的王朝也随之覆灭。

郑信建立的王朝虽然短暂，但他是一个马背上的民族英雄，在重建国家的过程中，曾采取以下重要措施。一是召集臣民。召集在战乱中散居各地的臣民，汇合吞府，共商建都大计；食粮缺乏时，向外来商船购买米粮，解决民生问题。二是完成统一。郑信认为割据局势对国家不利，一旦外敌入侵，各自拥兵自重，必定不能拒敌；于是北征南讨，历时3年，终于完成国家统一大业。三是加强国防。由于大城沦陷，生民涂炭的惨痛经验，为了拒敌，郑王一朝，先后同缅军交战多达10次。因此，郑信在重建家园中一直把加强国防作为重要工作。四是开拓国土。完成国家统一后，1771年间，郑信亲自率兵占领了柬埔寨，任效忠郑信的柬国大臣主治国事，柬埔寨遂成为泰国藩属一直至1778年。他为维护泰国的统一与和平所表现出的智慧和英雄气概，所做出的流血牺牲不会被历史忘记，也不会被泰国人民忘记。他的功绩将永载泰国史册。

4. 心系故国，互通往来

郑信属于第二代华裔，他的父亲郑镛曾在中国的土地上生活过许久。所以郑信身上依然有着明显的中国特征。从小就知道自己是华裔后代的郑信对他从未去过的故国有着极强的好奇感和深深的亲近感。在他南征北战之时曾大量任用华人将领，就可以看出郑信其实骨子里觉得自己是个中国人，所以对和自己有相同渊源的华人就更为信赖。郑信建立吞武里王朝后，就急于想修复与清朝的关系。虽然也有政治上的原因，但其实个人的原因更为显著。他急切地想获得清朝对

郑信

于自己的承认，想弥补自己在泰国为王的深深的孤寂感。所以他多次通过各种途径，向当时清朝的乾隆皇帝表达自己的愿望。当时作为“天朝大国”的清朝根本不把这些小国放在眼里。从大臣的汇报中，乾隆得知这是一个违背国法、远逃海外放弃自己国家的国民的后代所创立的王朝后，更加嗤之以鼻，并回复了一封极尽呵斥的信。收到回信的郑信内心久久不能平静，他是那么想得到清朝的承认和庇佑。虽然极度失望，但他却没有放弃主动示好的机会。

在他的真切努力下，乾隆皇帝逐渐改变了对他的不满，并开始对郑信的好意予以回复。在多次的交流后，乾隆终于放下了对郑信的偏见，正式承认郑信作为暹罗国王的地位。至此，郑信渐渐与清朝建立了友好的关系。乾隆也对这个在暹罗当国王的华人有了亲切的感觉。在这样的基础上，郑信派出使者前来觐见皇帝，不仅带去了他给皇帝准备的礼物，还带去了他对乾隆皇帝的真诚祝福。乾隆很是感动，赠予暹罗使者许多财宝表示友好。郑信与清修好的心愿终于实现。但是好景不长，郑信遭受政变，被反对者杀害夺权。清朝与泰国的关系再次回到原点。

郑信是一个重情之人。传说郑信让访清的使者在经过广东澄海的时候，赠送给他故国的乡亲们 10 罐咸菜，其实里面藏着郑信送给他们的许多财宝。但这些乡亲在看到咸菜以后，大失所望，便将其推进了大海，剩下最后的一罐被他们带了回去，打算分给众人尝尝，没想到却发现了里面的巨额财宝。乡亲们顿时惊呆了，可是为时已晚。那 9 个装满财宝的罐子已沉入大海，不知所踪。

民间关于郑信的传说有很多，他的人生、他的战绩、他对故国的情感以及他的死都成为带有奇幻色彩的故事广为流传。在泰国，没有一个人不知道郑信大帝，那叱咤风云的英雄事迹被写进了泰国的历史教科书，被拍进了泰国的影视作品，他的形象依然存在于泰国民众的生活之中。至今，在泰国的曼谷广场上还建了一座巨大的郑信铜像，供泰国人民所瞻仰。为了纪念郑信的丰功伟绩，泰国很多地方建有他的塑像和其他纪念性的建筑物。泰国不但拨款建造郑王纪念碑，而且规定统一的庆典活动。在澄海镇华富村，乡亲们每年也到郑信衣冠冢献花祭拜。中泰人民深深地怀念着这位崇高的华裔复国英雄。1955 年泰国政府规定每年郑信加冕的纪念日，也就是 12 月 28 日这一天，为郑王节。

时间会流走，历史会过去，英雄会逝去，但是无论山河怎样变化，无论时代会丢弃什么，有些人、有些事、有些精神不仅不会消失，反而历久弥新，继续给予新时代的人们以精神的支撑，激励着他们无论面对怎样的困难都要勇往直前。

现代泰国的缔造者——朱拉隆功

在泰国历史上，朱拉隆功是不得不提的一位人物。这位堪称英雄的拉玛五世大帝，一生都在致力于对充满内忧外患的国家进行改革重建，使风雨飘摇的泰国逐渐稳定并且跟上时代的潮流。

朱拉隆功（泰语：**พระจุลจอมเกล้าเจ้าอยู่หัว**，英语：Chulalongkorn；1853—1910），即拉玛五世，中文名为郑隆，为泰国曼谷王朝国王（1868 年 10 月 1 日至 1910 年 10 月 23 日在位）。他是拉玛四世蒙固国王第九子，因宠妃所生，故而立为太子，继位时年仅 15 岁，20 岁才开始视事。朱拉隆功在位 42 年，用西方的模式进行革新运动，采取了一系列的改革措施，为现代泰国的社会发展奠定了基础，史称“朱拉隆功改革”。他废除食田制度（又称萨克迪纳制）和奴隶制度，改革司法、财政、教育，促进自然经济的崩溃解体。创立指派的非选举的立法会议，并革除老旧的行政官僚陋习，被称为泰国历史的转折点。为了避免已经坠入殖民统治的几个邻国的厄运，他必须向那些殖民大国表明暹罗是个“文明”国家。即使如此，旧暹罗也未曾平安无事。1893 年失去老挝，1907 年不得不放弃它在老挝和柬埔寨西部的权利，1909 年暹罗将马来半岛 4 个邦割让给英国。这几次割地使得泰国几乎失去了 1/3 领地。只是靠着英法缓冲才没有遭受更大的厄运，1910 年他去世时，将一个现代的独立的国家留给儿子拉玛六世。朱拉隆功带领着曾经闭塞落后的泰国逐渐走向现代国家行列，成为泰国历史上最伟大的君主之一、现代泰国的缔造者，后世尊称其为“朱拉隆功大帝”。

1. 继承父志并为之奋斗的一生

朱拉隆功，即拉玛五世，是泰国曼谷王朝第五代国王。他生于 1853 年，并在 1868 年少年即位，在位 42 年，于 1910 年逝世。一生为国为民操劳不止，在逝世后享有极高的声誉。朱拉隆功被称为泰国的“近代之父”，不仅因为他带领泰国走上一条变法革新的道路，更是在于他以最大的努力使得泰国免于全殖民的境地。

父母的教育和家庭的氛围在一个人的一生中有着非常重要的影响。朱拉隆功的成长和他一生的功绩也与其父亲有着密切的关系。朱拉隆功的父亲拉玛四世（即蒙固亲王）由于没有支持势力，无法抗衡朝臣的控制，只得出家为僧，开始其漫长的苦修生涯。在其位谋其事，当了和尚的蒙固不骄不躁，潜心研究佛学的历程，蒙固在研究中越来越发现佛学思想之高深莫测并不是所有人都能体悟，自己有幸习得一二已是十分有幸。在苦修期间蒙固不只研习传统的佛学思想，在一次机缘巧合之下，蒙固结识了一位西方传教士，从此打开了他的视野。他在这位传教士的影响下开始逐步学习英语和西方的文化技术，受益匪浅。蒙固身上交织着不同文化带来的思想碰撞的火花。日复一日，蒙固在不断的学习之中找到了人生的价值。王位的荣耀也渐渐从他的心中消失。

但命运有时候是那么神奇，在蒙固被夺王位 27 年后，拉玛三世去世，此时王室中只有他符合王储的资格，早已放弃的蒙固重新拿回了曾经失之交臂的王位。丰富坎坷的人生经历虽然曾使他困苦不堪，但却使他充分了解了泰国底层的情况，失意时对自身不断地扩充提高使得他有了知识与实践的双重结合。所以在当他登上王位后便开始变更传统的落后制度和恶习，实施了一系列改善国家现状和维护王室荣誉的举措。但由于外国列强势力的强大，泰国作为东南亚的一个小国实在难以与之抗衡。西方列强的咄咄逼人，使得泰国被迫签订丧失国家领土的协议并完全打开大门。不仅泰国，许多东方封建国家饱受侵略，备受屈辱，这一不得不打开国门的局面使得这些生产关系落后的封建王朝第一次开眼看世界，带来了变革本国巨大的推动力。拉玛四世同样看到了西方政治、经济、军事的强大，领悟到学习西方的重要性，因此他在自己接受西方思想的基础上，为自己的孩子提供良好的学习西方文化的机会。他的孩子，特别是极受重视的朱拉隆功就是在东西文化合璧的教育下成长起来的。朱拉隆功在父亲先进开明的教育下，获得了充分学习东方和西方知

拉玛四世（左一）与少年朱拉隆功（右一）

识的机会。同时，父亲为国家所付出的心血也在这个孩子的心中渐渐生根发芽。父亲的一生所求也成了他一生为之努力奋斗的目标。

虽说父母对孩子的爱都是一样的，但在王室，子凭母贵或母凭子贵，虽都是蒙固王的儿子，但所受到的待遇肯定是不同的。朱拉隆功1853年9月20日出生，虽然只是蒙固的第9个儿子，但因是宠妃之子，身份尤其尊贵。出生后即被蒙固王赐以“亲王”的荣耀称号。他8岁时，母后去世。蒙固国王惜怜他幼年丧母，便对他更加关心和重视，不断提高他的爵位。爵位的赐予不仅显示了他地位的崇高，也显示了父亲希望朱拉隆功能承担起整个泰国重任的愿望。父亲在年幼的朱拉隆功的眼里总是忙碌的，接见大臣、处理国家事务等。父亲一天中的很多时光是待在处理事务的议室里，想念父亲的朱拉隆功经常躲在门口观察父亲，房间里会出现许多陌生的人，他们经常因为意见不同而互相争吵，而父亲总是在沉思过后平息争吵并提出他的决定，有时父亲看见他了，便招手让他进来，还把他抱在怀里慈爱地询问他的功课，父亲在朱拉隆功的心里是伟大和崇高的。他也一直为成为父亲那样的人而努力。

父亲为朱拉隆功聘请了英国女家庭教师安娜·列奥诺温斯，这位女教师为他打开了广阔的世界视野。身为王室继承人的朱拉隆功除了需要掌握泰文、巴厘文和梵文等多种语言，还要由英国教师教授他世界的通用语言——英语，但这并没有难住聪颖好学的朱拉隆功。按现代的话来讲，朱拉隆功在德、智、体、美方面都有着极好发展。各种运动比如射击、骑马等深受他的喜爱，在皇宫的训练场上，总可以看到他青春充满活力的身影。在学习上他酷爱历史和文学，积极主动地去阅读大量的相关书籍。他越来越成为父亲所期待的样子。在拉玛四世执政期间，泰国已经不再固步自封，并且开始关注和学习西方。朱拉隆功是在泰国学习西方先进知识的氛围中成长起来的，加之父亲对他着意培养，他逐渐了解了自己国家的满目疮痍，知道了自己所要承担的责任。渐渐的，朱拉隆功长大了，父亲也越来越老了。

1868 年 8 月，拉玛四世染上疟疾，因治疗无效而去世。在无限悲痛中朱拉隆功含泪继承王位。朱拉隆功是在父亲的精心培育下成长起来的，他的身上肩负了父亲振兴祖国的政治理想。未到法定年龄的朱拉隆功还不能亲临政务，但父亲的夙愿一直是他前行的目标，并最终由他来实现。朱拉隆功利用这段时间考察和借鉴外国的新政，寻找改革泰国的良策。他先后出访了新加坡、爪哇和印度。这几次出访使得这位年轻国王的内心久久不能平静。世界早已不是以前的样子，国外形势严峻,国内形势也不容乐观。在这一盘大棋中，弱小落后的暹罗在风云变幻的局势中究竟如何寻找自己的一席立足之地。作为国王的他，该如何运用自己的权力使自己国家走出困境，如何谋求国家的发展、改善民众的生活，这些问题困扰着他，使他久久不能平静。甚至夜深人静的时候，他一人站在窗前看着富丽堂皇的宫殿，思绪却飞向了挣扎在生死一线的贫民区。他忽然觉得自己是那么渺小，年轻的他时常在父亲的理想、自己的雄心壮志和沉重的现实中挣扎，一次次的心理斗争都不断赋予他再次战斗的动力。他的心中充满着无数暹罗子民满是希冀的目光，他只能负重前行，在乱世之中以自己卓绝的能力成就一番霸业，保护一方民众。国家贫穷和落后，那他就去寻找原因，实践出能让国家富强的方法。他要培养出新的人才来帮助自己更好地治理国家。回国后他便在皇宫内建立了“玫瑰园学校”。希望能让西方的文化思想走进暹罗，走进新成长起来的暹罗孩子心中。这一举措使得传统的佛教国家有了迥异的文化因素，打破了那一层厚厚的壁垒，知识的曙光迸射进来，同样散发着灿烂的光芒。由此使暹罗逐渐重视平民教育。

1873 年，朱拉隆功 20 岁，正式加冕上朝，执政视事。此时的暹罗风雨飘摇，自身已然不堪一击，更如何抵挡西方列强的坚船利炮。虽然父亲拉玛四世也尽自己所能地治理国家，但留给他的国家依然千疮百孔。

这时的暹罗面临着与东方其他国家同样的问题——西方势力对封建经济的毁灭性破坏。他冷静地分析了国内外的形势，国内形势尤其严峻，暹罗从大城王朝时起便已逐渐形成自给自足的封建社会，然而，全国的土地和依附在这些土地上的广大平民和奴隶，却被封建主和贵族、官吏占有，他们还垄断国内的贸易。封建生产关系严重地阻碍了社会生产力的发展，使泰国社会长期停滞不前。国内的阶级矛盾相当尖锐，大批的平民不断逃往深山老林，以反抗封建的压迫和统治。封建小农经济阻碍社会的发展，而且国家的经济大权旁落，由贵族官僚所掌控。这些对于新上任的朱拉隆功来说都是很大的威胁。

在国际上，暹罗面临的情况也不容乐观，在暹罗的西面，英国蚕食了印度，又通过两次英缅战争将缅甸纳入英属印度之中。在南面，英国在马来半岛上建立了“海峡殖民地”，紧逼暹罗的南大门。在东边，法国也通过两场战争，使越南成为其“保护国”，并进一步将巨爪伸向柬埔寨。周边邻国一个个陷落，暹罗虽然暂时未被完全蚕食，但却也岌岌可危，朝不保夕。而暹罗的国家机器仍然带着中世纪的烙印，在无效率地运转。朱拉隆功艰难地周旋于英、法、德等国之间，利用英、法两国都想吞并暹罗，但都顾忌对方的形势，使暹罗成为英法两国势力范围的“缓冲地带”，暂时维持了独立。但这毕竟不是长远之计，只有改革自强，顺应历史潮流，才能在严酷的丛林法则中生存下去。朱拉隆功清楚地意识到了捍卫国家主权的重要性。朱拉隆功知晓暹罗必须团结一致抵御外敌。随着英、法特别是法国的威胁越来越严重，朱拉隆功为暹罗提出了一条免于殖民地化的必然途径——改革，他说："如果不改革，暹罗可能丧失独立和自由。"

政策基石的确立为朱拉隆功指明了暹罗前行的方向。他对内大刀阔斧地进行改革，沉重打击封建腐朽势力；对外尽力周旋于大国之间，维护自己最大的主权利益。暹罗有幸在西方列强瓜分世界的时代有这样一位英明的君主带领他们走着正确的道路。朱拉隆功冷静地分析了世界形势，发现只有实现政治和经济的繁荣，才能在国际上拥有话语权。而此时封建的生产方式必然不能带领暹罗走向繁荣，唯有学习西方进行改革才能改变现状。但是改革的道路困难重重。封建官僚保守派的势力非常顽固，他们极力阻挠这位年轻皇帝的改革以维护自己的利益，此时的他们并不知道皇帝虽然年轻但却绝不可能受他们摆布。如康熙 8 岁登基，15 岁擒鳌拜，可知资历深厚并不就是成功的保障。朱拉隆功也是一样，他看到了这些顽固守旧派对国家的危害，便极力克服他们的反对和阻挠，并表明了要将改革进行到底的决心。

暹罗这位睿智的大帝在最艰难的时期守卫住了自己的国家。因为落后所以要不断地去学习，朱拉隆功以实际行动证实了自己学习西方先进文化的重要性。学西礼、废除奴隶制度、兴办教育、改革政治经济制度，每一步都走得艰难万分却又坚定不移，朱拉隆功以其强硬的手段和强大的气势对抗着封建顽固势力，为改革尽力铺建一条平坦的道路。他的努力没有白费，给奴隶以自由的人权，给予国民以更加普遍的教育权利和更加新颖的教育内容。到朱拉隆功晚年，暹罗的财政一直保持着良好的状态。他的改革，涉及范围广泛，包括经济、政治、军事、教育、交通、水利等，而且其中不乏许多动摇根本的变革，但神奇的是这并没有引起社会强烈的反抗和动荡。这对于一个封建势力还很顽固的国家来说，充分说明了朱拉隆功极强的个人能力。他没有发动大规模流血牺牲的武装革命，以较为平和的方式走上了发展的新道路。

他在艰险的国际环境中也尽力寻找出路。西方列强大肆瓜分世界，清朝泱泱大国也因政府无能而大量割地赔款。暹罗作为一隅小国在这样的环境中已经尽力维护了国家主权，但朱拉隆功还是因为一次割地赔款大病了一场，一度拒绝治疗。英法列强胃口越来越大，暹罗无力与其抗衡，继续通过割地的方式保护主权。到了朱拉隆功晚年这种情况也没能得到遏制，为了维护主权，暹罗的土地不断减少，但无可奈何，现实没有给予暹罗过多的选择，这在当时已是暹罗维护自己的最好方法。

由于朱拉隆功励精图治，变革进取，据有关数据显示，当时暹罗的人均收入远高于清朝。清朝因慈禧等守旧官僚派的卖国求荣日落西山，而暹罗则因出现了这样一位好皇帝能够在夹缝中茁壮成长。这一时期，大量的华侨涌入暹罗谋生，这些沿海的居民为了躲避清朝严苛的赋税、战火的袭扰和寻求新的生机，冒着被清政府斩首的危险远逃暹罗。这说明了朱拉隆功治理国家的成功。

人的一生何其短暂，哪怕是英雄也会有迟暮的一天。在 1910 年 10 月的时候，夜空中出现了百年一遇的被称为“扫帚星”的哈雷彗星，不祥的征兆蔓延了整个暹罗，每个人的心中都惶惶不安。古老的诅咒还是出现了。年仅 57 岁的朱拉隆功终究还是抵抗不过死神的呼唤，因肾衰竭去世。这对于渐入正轨的暹罗无疑是一次沉重的打击。这位天之骄子的形象已深深地融入暹罗的每个人心中，暹罗人民因他的勤政爱国而获益颇丰，他的离去带给全国人民无尽的哀悼和追思。英雄也会老去、死去，但英雄的时代不会因此就戛然而止。发展良好的暹罗是朱拉隆功留下给他的儿子和民众最好的遗产。“大帝”的封号证实了他在后世中超然卓越的地位。暹罗将他去世的日子即10月23日定为法定节日（五世王纪念日），以此来缅怀他的功绩。除此之外，在现在的泰国，朱拉隆功的标记随处可见。泰国的最高学府朱拉隆功大学就是由他的儿子拉玛六世建立，并以他的名字命名，经过政府的重视和投资，现在这所学校已经是泰国的最高学府，是每个学生想要进入的最高知识殿堂。如今，如果你去泰国旅游，在曼谷新皇宫外阿喃哒皇殿前面广场上会看到受人敬仰的“朱拉隆功王铜像”。朱拉隆功在泰国平常百姓的心中依然占据着重要地位。按照泰国习俗，家中会供奉为泰国做出突出贡献的国王的画像。走进寻常人家，你总会熟悉地看到朱拉隆功的各种图像、塑像，仿佛他还在一直守护着他的子民。

2. 卓越的功绩使他深受爱戴

朱拉隆功国王在位期间功绩卓越，受到了人民深深的爱戴。他一生所做的功绩主要体现在国内和国外两个方面。在国内他学习日本发动了一场自上而下的近代化改革运动，这也类似于清朝时期进行的洋务运动，朱拉隆功尽自己所能改善国家的境遇。他力排阻碍废除奴隶制度，并且突破传统积极引进西方先进的科学文化，为传统封建的泰国吹进一股学习西方的潮流风气。朱拉隆功的国内改革影响深远，不仅对于泰国有重要的意义，对于东南亚的其他国家也起到了一个积极的榜样作用。

国际上，朱拉隆功在英法两国殖民者如狼似虎地窥视下，凭借自己对国际形势的清晰分析和高超的外交技巧，艰难地维护着国家的主权独立与领土完整，使得泰国成为同时代东南亚唯一的主权国家。由于他的种种举措，泰国王室的威望大大提升，此后无论泰国政府如何频繁地变更，国王都是人民心中的一颗定心丸，国王就是整个国家民族团结的标志。这在很大程度上维护了泰国政局的稳定。在东南亚乃至整个世界都处于动荡不安的年代，泰国因有朱拉隆功坐镇而独树一帜。他在泰国乃至东南亚的国王中都显得卓越超群。

朱拉隆功在国内进行的改革主要体现在以下几个方面。

一是逐步废除农奴制和各式各样的封建依附关系：朱拉隆功的父亲蒙固王也意识到了奴隶制对国家生产力的危害，也做了一些相关方面的变革措施，但并未撼动其根本。朱拉隆功接过父亲未完成的事业，尽己所能地去完成，在父亲所做的基础上更加着眼于从根本上废除奴隶制，以便更全面地解放泰国的劳动力。泰国长期处于封建社会，但却不像中国的封建社会中农民占人口的大多数，而是存在着大量丧失自由的奴隶。这种现象在追求自由、平等的现代化进程中严重损害了泰国的形象。并且泰国想要跟上世界的潮流就必须加快经济发展的速度。私人奴隶就像社会难以拔除的毒瘤，如果不忍痛割掉，就会化脓毒害这个社会。于是朱拉隆功从登位不久就一直与这颗社会大毒瘤作着顽强且持久的斗争。泰国封建社会等级森严，奴隶作为最底层的存在完全没有话语权，他们只不过是主人的附属品而已，性命也是把握在他人手里。由于封建势力的残酷压迫，可赎身奴隶往往难有实力为自己赎得完全的自由，甚至有可能完全沦为奴隶。不可赎身的奴隶没有主人的允许，不能做任何符合自己意愿的事情。虽然当时封建主只有奴隶的所有权而没有生杀权力，但其实当时的奴隶根本没有什么生命权，他们的生命轻如草芥，私刑的滥用更是不受

朱拉隆功

管控。更荒唐的是，奴隶也像王位、爵位等一样世袭，不同的是奴隶承袭的是永无出头之日的羞辱和做不完的辛劳工作，而且相比于其他社会阶层，奴隶的徭役也很沉重。一丝一刻都不是自己的。在新的时代，自然经济开始逐步瓦解，新型的商品经济也逐渐大放异彩，在一片走向光明的路途中，落后的奴隶制成了最大的绊脚石。这些奴隶不属于国家财产，封建地主是横亘在其间的一座大山，国家无法直接运用他们，自由劳动力市场的形成受到了极大的阻碍。这种矛盾已激化到难以调和的状态。为了改变这种形势，朱拉隆功下定决心要排除万难革除奴隶制度。

废除奴隶制的过程也不是一蹴而就的。1874 年，朱拉隆功首先颁布了解放奴隶子女的法令，这样就大规模地减少了奴隶的再生。法律规定凡是出生于 1868 年，他初次加冕以后的奴隶都要重新规定其身份，并且当他们年满 21 岁时，便可获得自由成为国家的自由民，并且从此不论遭遇什么样的情况都不能自卖或被迫卖身为奴。而且同时规定在泰国聚居的老挝人和马来人身上此项法律同样生效。这项法令的实施，是朱拉隆功废除奴隶制走出的坚实的第一步，并从根本上动摇了泰国根基深厚的奴隶制。在此项政策得到有效的实施后，大量奴隶获得了自由。朱拉隆功看到废除奴隶制带给国家的新局面后，在 1899 年颁布了新的敕令，即取消农民的依附关系。这项政策也犹如一个巨大的炸弹带给泰国社会极大的震动。因为按照过去的法律，只要年龄在 18 至 60 岁之间的暹罗人都得在其腕上文身，并到所在的各级部门登记，而且他们不直接属于国家而是编属于封建主的门下。1899 年，朱拉隆功下令废除农民必须登记造册在一个封建主属下的规定，这项法律一旦实施，大量封建主的势力就会遭到架空。只看重自身利益的封建守旧派自然会强烈反对，但朱拉隆功以其强硬的手段平息反对声音，坚决执行这项命令。它的执行无疑对解放泰国的生产力和为城镇提供自由的劳动力起了极大的促进作用。农民的自由度增加，他们劳动的积极性也越发显露出来，市场的活力明显提升。

废除奴隶制的道路并未走完，1900 年，朱拉隆功再次颁布逐步解放西北部地区战俘和债务奴隶的法令，获得显著成果。1904 年，朱拉隆功在西北部试点成功后又把视野放在解放东部地区奴隶的方向上。奴隶制的废除一步步走向成熟，到了 1905 年，完全废除奴隶制的时机已经到来，朱拉隆功颁布最后法令，规定所有的奴隶子女全部成为自由民。泰国禁止一切形式的奴隶买卖，违反此规定的人将会受到罚款和坐牢的处罚。经过法律制度的不断实践和修改，泰国终于在 1908 年制定出了比较完备的奴隶制废除法。暹罗刑法法典中明确规定："强行运出、买进或卖出一个人做奴隶的，处 1 年至 7 年徒刑或课以 100 至 1000 铢的罚款。"至此，从蒙固王便开始进行了近半个世纪的废奴运动基本上完成。朱拉隆功的不懈努力终于有了显著成果。泰国的农奴得到了自由，社会由此焕然一新。它缓和了尖锐的阶级矛盾，并在客观上对解放暹罗的生产力起了相当大的促进作用。这项极具革命性的运动不仅是对封建奴隶主的一次沉重打击，也极大地促进了中央集权的收回。

二是在政治上改革原先落后封建的中央和地方的行政管理制度：废除奴隶制是改善泰国局面的根本举措，而原来封建落后的国家制度和政府管理已经难以符合新型发展态势的要求。改革势在必行。在以前，暹罗的行政有点像中国古时的分封制度或藩镇制度，国王并不直接管理各个省区，而是把权力下放，由管北方的部和管南方的部分别统属各省的军、政要务。这使得地方的权力极具膨胀，往往威胁到中央的统治，极易发生武装叛乱。同时南北方各部的职权范围涉及广泛，许多机构是一职多权，权力和职务划分的模糊使得政府办事效率低下，各个部门之间往往相互推诿，造成许多监管的空缺和对肥差的明争暗夺，这就使得政府成为争名夺利的场所而不是为民服务的机构。

朱拉隆功国王在对国家政府机构做过调查后，针对这种行政机构存在的问题提出了一针见血的批评："许多部门间的工作是对立的，既没有制度，也没有合作，当一件事要处理时，从一个部门推给另一个部门，有时还在一个部门里兜圈子才能完成，白白耽搁了时间。"此外，由此还滋生出了滥用职权、营私舞弊、贪污腐化等多种对社会危害极深的弊病。这样的政府现状如果不进行彻底地改革，泰国将被这样的政府拖向衰落。中央与地方的斗争一般都是此消彼长。旧的行政管理制度实施的是"多头收税"和"多头理财"的政策，这种政策养肥了地方官员，却亏空了国库收入。从 1868 年到 1873 年，国家税收急剧下降，从每年 480 万铢下降到不到 160 万铢，这完全不足以支撑朱拉隆功大刀阔斧改革所需要的费用。

丹隆亲王是国王实行改革的得力助手，他通过担任北方部部长对当地的行政管理进行多次详细考察，发现了制度中的具体缺点，并结合实际情况研究出了能够改善这些弊病的方法，即在地方设立高级专员作为中央监督地方代表的建议。朱拉隆功大帝召开群臣会议对这项提议进行反复论证，并讨论确定了此项提议的具体实施方法。这项建议在地方的实践证明了它的有效性，这对于促使朱拉隆功国王对行政管理制度实行改革起了很大的积极影响。对于地方弊病的改革，朱拉隆功吸取国外先进经验，并结合本国实际国情，逐渐形成了有泰国特色的地方行政制度。在1893—1899年间，中央给每5至6个省设一政府特派员进行工作指导和行使监督权利，全国先后总共派出14个专员，后来为了便于管理又在每一大区设一名特派专员，这就在每个层级都设置了一双皇帝的眼睛，地方徇私舞弊等恶习都得到了治理，同时也加强了中央集权。

为了形成相互监督和牵制之势，在省级行政管理中的行政、司法、财政的3个部门还由特派员配备的3个助手实施监督之责，比较完备的地方行政制度得以建立。改革措施的实施为地方的治理指明了方向，规范了举止。同时，朱拉隆功还下令实行官员薪俸制，加强了中央对地方的控制。政策还规定中央拥有随意调配地方官员的权力，以防地方权力做大，甚至形成割据势力，这已有现代地方政治制度的雏形。1897年5月，中央下令实施具有现代意义的县、区、村管理制度，全国统一由国家治理。在那个时代，泰国已经实行了新中国成立以后才开始实施的先进管理制度。由此可见朱拉隆功大帝卓越的眼光和超前的政治思想。朱拉隆功国王在位期间不断健全中央和地方的行政管理制度，加强了中央集权，维护了封建统治权力。

在历史上，似乎英明的君王总喜欢微服私访，中国古代的康熙、乾隆等卓有功绩的皇帝都在民间留下了一段段佳话，为世人所称道。朱拉隆功大帝也是如此，他常深入民间，切实了解民间疾苦，结合泰国实际情况制定能够解决人民实际问题的政策，深受人民的爱戴。在解决中央与地方矛盾的同时，朱拉隆功还把改革深入中央内部。在那个时代，英国和日本的君主立宪制度为世界上其他国家改革内政提供了一个很好的榜样作用。朱拉隆功认为不历经流血牺牲的君主改革更适合泰国国情，所以他就以此为榜样对中央机构进行了改革。但他的改革与日、英是有所不同的。泰国国王有绝对的话语权和对国家的控制权。此外，朱拉隆功还设立了协助国王处理政务的机构，即参议院和作为国王私人咨询机构的枢密院。这些举措有利于提高政策法律决定的公正性、科学性和民主性。新的改革为中央机构注入了新鲜的生命力。于是朱拉隆功开始通过效仿欧洲来改革自己国家的政治组织。朱拉隆功扩大部门数量，削弱权力的集中，将中央的权力和职位进行了细致明确的划分，使得每个部门都有明确的职务范围。随后还建立了新式法院，开始引领泰国由人治走向法治。他促使制定了新型的刑事法和民事法，并且废除传统的酷刑制度，减轻了人民的恐惧负担。过去的泰国，政府官员是由国家赐予禄田的，享受着国家优厚的供养。这样的制度极大地消耗了泰国国库的财力。于是朱拉隆功就仿效欧洲实行官员薪俸制度，这样不仅减轻了国家的财务负担，还解放了大量的土地，削弱了官员的权力。此外，政府还从英国、美国、丹麦、瑞典等国家聘请了许多专家作为各部改革的顾问，一股西式的潮流吹遍了这个原本古老落后的皇宫，泰国的西式化进程由此加快。朱拉隆功听取顾问的建议成立内阁，这又是迈向民主的一大步。虽然这个“兄弟内阁”颇具形式主义，但也为泰国走向民主起了一定的促进作用，朱拉隆功的改革十分成功，但却不彻底，泰国传统的政治制度即君主专制并没有从根本上得到改造。国王依然拥有神圣不可侵犯的主权。朱拉隆功在对封建顽固势力予以严厉打击的同时，却回避了国王和皇室的存在也是阻碍泰国现代化的绊脚石。他对自己及王室的宽容显示了他改革思想的不彻底性和封建君主思想的根深蒂固。不过历史也不能对人有过多的苛求，朱拉隆功的一生，他的功绩远远大于他的不足。

三是在经济上整顿财政，一个国家的经济来源很大程度上依靠各种税收，在 19 世纪下半叶，泰国的国家收入很大一部分来自征收关税、赌税、彩票税、酒税和鸦片税等。其中关税就占总收入的 10%。人头税的比重一直相对较低。而且暹罗只征收间接税而不征收所得税，在税收制度方面明显偏袒皇室、西洋人和华商，导致了广大贫困农民和华工要缴纳沉重的赋税。这种税收制度使得贫苦老百姓无论怎么辛勤劳动也难以维持收入，国库也难以得到充足的资金补充，大量的钱财都由地方中饱私囊，最终使得国穷民穷，却养肥了那些官僚和原本就比较富足的商人。面对这种情况，朱拉隆功必须放弃原来的税收制度，重新制定适应时代发展的税收制度。

朱拉隆功制定了一系列条例严明、奖惩分明的赋税制度，调整了国家收税的标准，减轻了普通民众的赋税负担，加大了对牟取暴利行业的税收份额，并且严厉打击各种偷税漏税的行为。这些政策切实的实行极大地规范了国内的税收体系，增加了国家的税收收入，减轻了人民的负担，使国内的经济逐渐清明化。同时还对地税进行了改革。税收种类的增多和税收制度的规范使得泰国的税收逐年上涨，也让朱拉隆功拥有更多的资金建设泰国。此外，朱拉隆功还将国库和王室财产分开，避免王室成员任意挥霍国家财产，使国库的资金更大程度地运用在国家建设上。

四是发展教育事业。除了政治、经济的改革和奴隶制度的废除，朱拉隆功还十分重视教育的发展。人才是国家繁荣富强的积极动力，未来泰国想要越来越强就要依赖于一代又一代人才对国家的建设。接受过先进西方教育的朱拉隆功很早就意识到传统教育早已满足不了泰国的发展需求。但是，同时深受佛教思想影响的朱拉隆功放弃不了传统的小乘佛教，也放弃不了以寺院为基础的教育，这就使得泰国教育改革收效甚微。朱拉隆功虽然清楚地认识到了教育对于一个国家的重要性，但对其的改革却不如对经济、政治和奴隶制的改革来得坚定和强势，处处体现出疲软和敷衍。或许朱拉隆功虽然本人受过系统的西式教育，但对于改变泰国长期接受佛教的教育行为缺乏信心，也对于西方的教育是否适合本国而怀有巨大的疑问。朱拉隆功虽然也引进了一些西式的教育学校，但他无论在重视程度还是投入经费，都远远不足以改变泰国的教育现状。他所做的不过是为泰国教育的发展提供一些学习的方向和风气。

作为泰国的国王，除了重视这些国之根本以外，他还关注社会的方方面面。卫生、健康、交通、水利等一系列问题都装在这个心系国家民生的国王心中。他尽己所能地去改善泰国在各个方面的不足之处，希望国家能在他的治理下焕发新颜。他是以此为理念的，同时他也以实际行动做到了。

3. 开放外交与夹缝中求主权

在朱拉隆功一生的功绩中，除了对内进行了大规模、大程度的改革外，还有他为了维护国家独立、领土主权完整所做的一切。他知道仅仅局限于国内，甚至采取闭关锁国的政策，并不能保护泰国的长期平稳。

西方的列强虎视眈眈，泰国很难逃离他们的掌控。积极地走出国门，主动与西方列强进行战略性的交往是泰国可以保全自身的唯一出路。

而且从小接受西方教育的他本身对于先进的欧洲有一种心理上的亲近。于是，他不顾反对势力的阻挠，主动走出国门，与欧洲国家建立联系。在朱拉隆功刚即位时，由于过于年轻不能直接掌管国家事务而由枢密院暂为代理。他便借助这样的机会出访各国。他访问了成为西方殖民地的新加坡、印度尼西亚和印度，对于西方殖民地的访问，他心有余悸，深觉他所治理的泰国一定要拥有自己的主权，国家绝不能在自己的手里拱手让人，他也绝不能让自己的国家受列强的奴役。

在对外关系方面，朱拉隆功所面临的情势不容乐观。欧洲列强肆意进行殖民掠夺而且不知满足。泰国此时面临的最根本问题不是国家的发展而是国家的存亡，周围的缅甸和印度已沦为英法殖民地，夹在中间的泰国又有什么样的能力来维护国家的主权。泰国局势艰险，作为国王的朱拉隆功也是整夜地睡不着觉，无数次在战火纷飞的睡梦中醒来，无数次独坐在窗前思索对策。他最终想作为调和英法利益的第三方来保持自己，这一方法确实也起到了一定的作用。但英、法两国总想谋取更多的利益。多次要求泰国以割让土地的方式换取和平。面对强大的西方列强，国势贫弱的泰国根本无力招架。国王朱拉隆功也不能全身而退。面对不断被割的土地朱拉隆功心急如焚却又无可奈何，只恨自己的国家太过弱小。英、法一味强逼，朱拉隆功难以一味妥协，希望能得到沙俄的帮助。但是希望又一次落空，沙俄也只想不付成本地从泰国身上获利，根本没有帮助泰国的想法。无奈之下，泰国被迫再次满足法国贪婪的殖民欲望，以割地换取和平。但不守信用的法国军队从尖竹汶撤出后，便立马占领了泰国的另一个地方哒叻府。朱拉隆功难以平息心中的怒火，只能寄希望于获得国际上的帮助。

1897 年 4 月朱拉隆功开始实施他的访欧洲计划，先后访问了法国、俄国、德国、英国、奥匈帝国、意大利、瑞典和比利时等国，还会见了丹麦和卢森堡的王族，他是亚洲第一位出访如此多西方国家的国王。朱拉隆功还访问了法国，希望能在这里找到解决问题的办法。在访问中，朱拉隆功以自己不卑不亢的气质使原本颐指气使的法国人羞红了脸。在英国，朱拉隆功也受到了热情的接待，威尔士亲王与他一见如故，相谈甚欢。维多利亚女王也被他的气度折服而对他赞赏有加。两次对西方国家的游访，使他深受震撼，世界已在须臾之间拉开了这么大的差距，相比于这些国家，泰国就像乡间的小村庄，落后而贫穷。巨大的差距让这个年轻人的心中感受到强烈的羞耻感，并默默下定决心，自己也要建设这样现代化的国家，让泰国免受欺辱。同时他也学习到了许多先进的政治管理制度和经验。除了两次访问欧洲外，他还将孩子送去欧洲留学，这种积极学习先进文化的态度一直为泰国注入新鲜的血液。后来留学欧洲甚至成了泰国王室的传统。但是世界就是这么残酷，落后就要被挨打。泰国毕竟是一个弱小的国家，无论朱拉隆功多么有能力，也难以凭借一己之力改变这种现状。虽然泰国的土地也被割让了很多，但是我们依然要赞赏他在夹缝中为泰国求取主权的努力，他无愧于大帝的称号。

朱拉隆功画像

对一个历史人物最真实的评价要看那个时代以及后世人民对他的评价。不得不承认，朱拉隆功大帝给泰国带来了翻天覆地的变化。每一个泰国人都深深爱戴这位国王。确实，在政治、经济、军事、外交等方面朱拉隆功都表现出了绝佳的能力，他的改革使泰国换新颜，泰国在他的治理下重现生机与活力。

但是人无完人，朱拉隆功在改革中也体现了封建统治者的犹豫和不彻底。泰国仍然是一个君主专制国家，朱拉隆功也仍然是一位封建君主。改革后的泰国依然是封建君主制的“家天下”。另外他还过分依赖外国专家、顾问进行改革，反而让帝国主义势力渗入从中央到地方的各个要害部门。这使得泰国政治的独立性受到损害。虽然在这些方面也体现了朱拉隆功的不足，但这并不影响朱拉隆功卓越的功绩和他在人民心中的形象。

一生追求民主的华裔总理
——比里·帕侬荣

比里·帕侬荣（Pridi Phanomyong，1900—1983）又称銮巴立，中文名陈家乐。泰国政治家，曾任泰国总理。出生于泰国古都阿瑜陀耶城，父亲是个华裔商人，祖籍广东澄海上华镇下陈村，母亲是暹罗人。1920年到法国留学，获得巴黎大学法学博士学位。其间，接受了西方民主主义革命思想的影响。1927年2月，他与6位志同道合的朋友在巴黎创建暹罗人民党（又称民党），1932年6月24日，以民党成员披耶帕凤为首的少壮派军人发动政变，推翻了泰国的君主专制政体，实行君主立宪制，成立议会，颁布宪法。1933年6月20日，披耶帕凤领导少壮派军人再次发动政变，任新政府总理，比里·帕侬荣出任内务部长。后曾任外交部长、财政部长等职。日本投降后，比里·帕侬荣曾三次出任泰国总理(1946年3月24日—6月3日，1946年6月8日—9日，1946年6月10日—20日)。

有的泰国人可能已经不记得他了，可泰国法政大学记得他，泰国法政大学的校园里有他的一尊铜像。他就是泰国早期民主思想主要传播者，组织并领导泰国资产阶级革命，被称为泰国民主之父——拉玛八世时期的泰国总理比里·帕侬荣。在泰国政府成为日本傀儡的时候，他曾发动和领导了一场地下反抗日本侵略的斗争，被称为“自由泰运动”。反法西斯战争胜利后，由于他的卓越贡献，他曾被国王任命为部长、总理等职务。但后来有人诬蔑他与八世国王在王宫中弹身亡事件有关，为了逃避抓捕，比里到中国广东，在那里生活了20多年后移居巴黎，几年后过世，享年82岁。

1. 民主思想的形成和实践

比里·帕侬荣的曾祖父恒是来自广东澄海县亿唐村的一个土生土长的农民。当时正值清王朝末期，鸦片战争爆发，清政府为了求得一时和平，宁愿割地赔款（这些钱都是从农民身上剥削来的）。他的曾祖父不堪忍受残酷剥削，在暹罗拉玛五世在位期间（1868—1920）来到泰国，将怀孕的妻子和儿子森留在了中国。

恒到了泰国后寄宿在一个中国亲戚家，后来暹罗国王达信（即吞武里王朝国王郑信）招募当地的中国人，抗击缅甸侵略者，恒加入其中，死于“半王之役”。达信为了补偿恒的家人，给生活在中国的恒的亲人发了一封信，询问恒的儿子是否愿意选择居住泰国。在暹罗国王拉玛五世统治时期，恒的儿子森和其儿子陈成浴移居泰国奈角，以做大米生意为生，据说他对中国和泰国烹饪相结合的技巧进行了创新。陈成浴娶了名叫拉克·布玛的泰国女人为妻。他们的儿子比里·帕侬荣1900年5月11日出生在大城府省，在5个孩子中排行第二。

比里·帕侬荣

泰国好几任总理的祖籍都是广东潮州，比里·帕侬荣也是其中一个。他非常聪明，上学时考试成绩经常是第一。因为上学太早，小学毕业时年龄太小，不能进入中学学习，他就在家里帮父亲干一些农活，在田间地头目睹了农民生活的艰苦与不易。他也经常听父亲和农民讨论国家大事。父亲说，他听说在英国生活，比咱们国家自由很多，无论身份高低都能参与投票选举国家领导人，每个人都有参与治理国家的权利。英国有议会，不管哪个人有困难都可以向政府寻求帮助。在比里·帕侬荣很小的心灵里，就有了对美好的社会制度的向往。

比里·帕侬荣中学学习期间，更多地了解到西方的国体和政体，认为君主立宪制更适合自己的国家，既不会损害上层贵族利益，也会让平民百姓参与到国家管理中来，可谓一举两得。这时候，中国发生了震惊世界的辛亥革命，以孙中山为代表的革命党人推翻了两千多年的封建王朝，建立了共和国。这样的新闻迅速传入泰国，人们在悄悄地讨论什么时候泰国能推翻国王的世袭统治，建立一个民主国家。孙中山多次到泰国和他的革命战友一起宣传革命思想，帮助泰国的进步人士建立了一些革命同盟会。比里·帕侬荣亲眼看到一些试图学习孙中山的革命党人，在策划如何推翻国王统治。比里对这件事很感兴趣，可认为条件不成熟，那些前赴后继争取民主的战士因为准备不充分、力量弱小、叛徒背叛最终失败。比里在高中的时候，看到两篇关于讨论国家政治体制的文章，文章对于君主专制进行强烈批判，受到大地主和贵族阶层的猛烈攻击。

高中毕业后，比里·帕侬荣通过层层选拔进入司法部法学院学习，在法学院很快通过了司法考试。由于他的年龄没有达到规定的标准，一时当不了律师。司法部门觉得比里·帕侬荣是一个可造之才，于是公费派他到法国进行交流学习。泰国的封建君主政府并不希望他将来成为君主制的掘墓人，也不会想到他从法国回来后会发动资产阶级革命。可以说，政府成就了比里·帕侬荣，也给自己培养了一个敌人。比里带着强烈的爱国责任感，学习西方先进的政治经济知识，为他以后从事资产阶级革命和经济改革铺垫了坚实的基础。在法国，比里·帕侬荣如饥似渴地在大学图书馆阅读政治书籍，认真做笔记。日复一日，年复一年，他的视野变得更加开阔了，对自己国家所面临的种种问题也有了独到的看法，并一直探索着解决方法。

除了学习西方先进的思想文化和国家管理制度外，他还经常参与各种由暹罗青年人组织的革命讨论活动。这些活动使他们不仅培养了良好的革命友谊，也激发了更多年轻人变革泰国的热情，使之成为未来革命的中流砥柱。比里和他的小伙伴在法国曾经做了一次非常大胆的尝试，也许只有在泰国这种环境才可能实行下去。因为泰铢在法国的贬值再加上国王开支过大，造成了国内经济困难，政府不得不减少对留学生的生活补贴。这样一来，让比里抓住了对抗政府的机会。他组织一些留学生到泰国大使馆进行抗议，希望增加生活补贴。当然对于其他人来说这也是迫切希望的事情。这件事惊动了国王，国王认为，法国联谊会是在巴黎使馆照顾下进行爱国教育的组织，现在联谊会已经违背了它当时建立的原则，如果不停止抗议活动将予以取消，并要求召比里回泰国。那时的比里还没有完成学业，他的父亲为了他能够顺利毕业，再三恳求国王法外开恩，等他毕业后再回国。国王看在恒的份儿上没再追究。当时，比里和一些青年志士之所以利用经济问题和政府针锋相对，就是要激起留学生的改革意识，从而引发暹罗未来的资产阶级革命。他们把在世界经济危机冲击下的暹罗的社会政治、经济深刻危机，归咎于君主专制政府中那些身居高位、独揽大权而无能的亲王处理政治、经济问题的不当。

在法国留学期间，比里常常组织一些思想觉悟高、靠得住的知识青年，讨论当前国家发展问题。当皇家卫队的一位中尉指挥官来到法国，他们便经常聚在一起讨论君主专制带来的种种弊端，认为社会的进步要有相应的政治制度相适应。国内改革的呼声日益高涨。比里回忆说："谈完这些问题之后，我们就一起到外面走走，边走边聊，我说我们国家想实行君主立宪制的人不少，只是还没有成熟机制和成熟的领导人。我们不仅聊天，还请来一些客人办舞会，参加聚会的人越来越多了，后来一些将军对我们的讨论也很感兴趣也加入了我们。”1927 年 2 月，他与 6 位志同道合的朋友在巴黎创建了暹罗人民党（又称民党），这个组织日后逐渐扩大，成为泰国资产阶级民主主义革命运动的领导核心。

比里 3 年学习结束后获得巴黎大学法学博士学位。回到曼谷，鉴于他熟练掌握法律知识，具备从事法律工作的能力，司法部打算让比里在检察部门担任法官。

经过一段时间培训后，比里在中央高等法院工作了半年。在工作过程中，总是身不由己参与一些案件的审理，比里本想用自己所学的知识去捍卫公民的平等与社会的公平，然而却因为自己能力太小一次次退让。毕竟泰国还不是人人平等的社会，贵族总有享用不完的特权，平民百姓被欺负，向政府申诉也不过是走走过场，司法部是贵族的司法部，法院是大地主的法院，徒有形式而已。随后他在司法部的法学院当老师，一边把自己所学的知识传授给学生，一边编写书籍，还在学校办起了免费法律培训班。他非常受学生的欢迎，因为他不虚伪、不做作，敢讲真话，以至于很多法学院的孩子自愿加入他的组织，成为民主党的一类、二类或三类成员。这些学生毕业后都很有成就，要么去法院做了法官，要么成了政府的骨干分子。还有很多人想加入人民党，但人民党的组织不宜过大，人数过多必然会引起政府的警惕。比里只让 100 多人加入了这个组织，人少好管理，也能避免很多麻烦。大部分成员是接受过先进思想教育的英美国家的留学生，也有一些官职不高的军队士兵和干部，这些人在以后的资产阶级革命中发挥了模范带头作用，是革命的中坚力量。

革命工作在比里等人的组织下紧张有序地进行着，他们让一些人进入军队内部进行思想渗透，宣传民主。人民党人的民众基础不断扩大，逐渐掌握了国家权力，也有了和国王谈判的资本，同时下层群众也希望通过改革获得更多权利和利益。人民党人领导人民群众举行罢工游行，要求改变世袭制，实现君主立宪制，把国家决定权交给议会处理。1932 年 6 月 24 日，以民党成员披耶帕凤为首的少壮派军人发动政变，推翻了泰国的君主专制政体，实行君主立宪制，成立议会，颁布宪法（见泰国 1932 年政变）。比里·帕侬荣是九人宪法起草委员会的成员，并出任玛奴拍功内阁的不管部部长。由于提出的将土地、资本收归国有的经济计划草案未能在内阁会议通过，他辞去部长职务。拉玛七世想通过保皇派和大地主阶级夺回统治权，都被革命党用武力镇压了下去，他在最后一次失败后被迫逃亡国外，寻求他国支持，伺机反扑。

人民党取得领导权力后，创建了泰国历史上第一个资产阶级政党——人民党。作为民党的领袖，比里制定了一系列资产阶级法案，如规定议会的权力大于国王，国家领导人必须通过人民选举有效，还组织了第一届国民议会和第一届内阁。1933 年，因为他改革过于激进遭到议会的反对，被当时总理马诺巴功指为有无产阶级革命之嫌被迫流亡法兰西。1933 年 6 月 20 日，披耶帕凤领导少壮派军人再次发动政变，本人担任新政府的总理，邀请比里·帕侬荣出任内务部长。

比里·帕侬荣在担任政府公职期间，曾做了许多有益于国家和民众的工作。如在一些府修筑公路，沿湄南河建立几座海员医院，帮助农民修建堤坝等。他一度出任外交部长，负责对外谈判，取消过去签订的不平等条约。在文化教育方面，1943 年建议创办法政大学，并亲自任该校校长达 18 年之久。

2. 保家卫国逐蛮夷

太平洋战争爆发后，泰国地处东南亚的中间，东南部与柬埔寨挨着，东北部和老挝相邻，西部紧邻缅甸，位于马来半岛的部分和马来西亚接壤。因此，泰国的战略位置对于日本侵略者很重要，日本为了迅速占领

青年时期的比里·帕侬荣

东南亚各国，把这些小国家变成侵略中国扩张领土的物资基地，因为侵略中国必须通过泰国、马来西亚、缅甸等国。日本强制性要求泰国銮披汶政府和他们签订同盟条约，其实这也是一个阴险的计谋，侵略完中国，日本帝国主义又怎会轻易放过銮披汶政府？这个富有野心的帝国会一个个吃掉中国周边的国家来实现他们所谓的“大东亚共荣圈”。迫于压力，銮披汶政府最终选择了妥协，和日本帝国主义签订了盟约。銮披汶总理发表公告向人民解释说：政府采取不抵抗政策是为了避免战火。他乐观地宣称，泰日一旦合作，日军便会撤退，任何一个泰国人如果破坏交通，不与日军合作，都将会用重刑处罚。泰国政府用软硬兼施的手段笼络本国人民。

泰国人民对于这种亲日行为非常不满，认为这对于国家和人民而言，无异于引狼入室，日本军队毫无阻碍地进入泰国以后，并没有履行已经签订的盟约，而是肆意妄为，大量发行假币，破坏泰国经济系统，破坏商业发展。甚至纵容士兵进入居民区烧杀抢掠、无恶不作。泰国人民和中国人民一样生活在水深火热之中。各地抗日组织风起云涌，虽然没能阻止日军的深入行进，但是在一定程度上给日军造成了损失和打击。从这方面看，任何破坏国家领土安全的行为都是不得人心的，任何伤害别国人民生命的行为必然要遭到抗争。邪恶势力最终会败在正义力量之下。日本的入侵引起了泰国内阁的分裂，内阁分成以总理銮披汶·颂堪为首的妥协派和以财政部长比里·帕侬荣为首的坚决抵抗派。

比里·帕侬荣对于引狼入室的做法提出强烈抗议，也不想继续在这种昏庸无为的政府待下去了，他愤然离去，不再担任财政部长一职。比里打算和一些爱国人士商量如何拯救自己国家于水火之中，他在家中召开会议，来参会的有銮栾班那·空各位、孟銮查德迪翁、礼禄·才也南、沙原·杜拉列、甘左·八兰军等人。与会者认为不能期望銮披汶政府保卫泰国的主权和独立，必须用自己的生命和鲜血拯救国家。经过协商，他们一致同意建立“地下抵抗组织”，并推举比里为领导人，负责领导及制订今后的活动计划。比里作为领导人，向与会者宣布抗日活动的工作安排，“自由泰运动”也在这时候成立，开始抗日救亡图存的战斗。

与此同时，巴尼莫在美国也建立起了“自由泰运动”

救国组织，在美国留学的爱国青年和驻美使馆人员纷纷加入他们，在英国的留学生也受到激励相继建立起“自由泰”，并受到了美国政府和英国政府的鼎力相助。比里和国外的抗日组织领导人巴尼莫取得联系后，把两个组织合并起来，使零散的泰国抗日活动成为有组织有纪律的抵抗运动。把日本赶出泰国之前，“自由泰运动”的成员达到10万多人，可以动员起15万人进行抗日战争。这些爱国组织积极协助盟军作战，在战营后方为战士运送粮食和衣物，还组织一些游击战争破坏敌人弹药库，炸毁重要交通路线，让侵略者闻风丧胆，惶惶不可终日。

这些活动遭到了銮披汶政府的凶狠镇压，加上不坚定分子的破坏，使当时的抗日斗争面临艰难的困境。但是比里等人在组织、唤醒人民的抗日意识方面做了很大的努力和贡献，对于抗日战争取得最后胜利起了重要作用。华侨华人也积极捐赠物资支持抗战活动。

3. 被迫辞职，流亡国外

比里逐渐赢得民心，许多国民打算推选他做国家领导人。国王也知道自己已经走上不归路，如果再一意孤行下去，就会引起民众的反对，于是他邀请比里进入内阁当摄政王。1942年1月，泰国对同盟国宣战。

比里·帕侬荣立即以泰国国王的名义发表《和平宣言》，标志着泰国决定解除与日本的同盟国关系，宣布銮披汶政府时期泰国对英美宣战无效。《和平宣言》被英国和美国接受，愿意继续保持与泰国的友好交往，与之建立外交关系。英、美、中商议建立联合国，泰国又加入联合国，成为联合国成员。长期的战火硝烟并没打垮泰国的农业，作为世界上最大的稻米供应基地之一，泰国继续向世界各国供应稻米。

在 1946 年的大选中，比里领导的党获胜，他于 1946 年 3 月接任总理。銮披汶政府害怕他一旦掌握大权，会损害到自己的利益。这时候年轻的国王拉玛八世也从国外留学归来，几个月后，年轻的国王被发现死在床上，他是头部遭射击中枪致死。调查委员会报告国王的死可能不是偶然的，但自杀和谋杀都没有得到证实。反对派和右翼分子为了重新夺回大权就利用这个事情诬陷比里，指控比里对国王的死负有责任。在强大的政治压力下，6 月比里被迫辞职。任职期间，力图实行较为民主的统治，但未能实现。1947 年 11 月，銮披汶军人集团发动政变，占领了曼谷的各种政府设施。政变后，由菲恒中将和凯特萨姆上校推翻了以前的政府，权力又回到銮披汶手中。同时，装甲车抵达比里在临江的住宅前面，当部队进入后发现比里已经离开了。比里·帕侬荣经新加坡到中国政治避难。谣言在公众中传播，说比里是一个残暴的权力主义者，涉案被控弑君，以及他曾计划把泰国变成一个共和国。

比里·帕侬荣雕像

比里在中国定居，1949 年 2 月 26 日，他曾回泰国领导政变，失败后再度来到中国，自此侨居中国 21 年，当他在中国生活的时候，看到自己的祖国欣欣向荣，日益强大，感到非常欣慰。他想，如果泰国能像中国一样有一批仁人志士为争取民主而不懈奋斗该有多好啊。他在中国一边把自己的人生经历记录下来，一方面在中国调查，思考如何继续他的工作。中国离泰国太近了，也不是久留之地，比里毕竟在法国上过几年学，对法国比较熟悉。1970 年移居巴黎。在法国度过余生。1983 年 5 月 2 日比里在巴黎郊区的家中去世。

比里的一生倡导民主、实践民主和捍卫民主。他是传播民主思想的先驱，将民主意识的种子播撒到当时一批又一批年轻的暹罗人心中。他组织了第一个具有民主性质的现代政党，领导了1932年的革命政变。革命成功后由于人民党内部的民主和保皇势力的激烈斗争，特别是军人独裁势力同民主势力的激烈较量，比里的政治地位几度沉浮。最终，军人独裁势力占了上风，比里被迫退出了泰国的政治舞台。

尽管如此，在后来的流亡日子里，他仍然关注着泰国民主事业的命运并对泰国政治发表了自己的看法。他多次接待来自泰国的青年学者，也应邀在各种场合发表演讲，回忆和阐述泰国的民主发展的道路。他被称为泰国现代史上一位著名的民主战士。

人民拥戴的国王——普密蓬·阿杜德

普密蓬·阿杜德（泰文：**ภูมิพลอดุลยเดช**，英文：Bhumibol Adulyadej；1927—2016），即泰国国王拉玛九世，中文名郑固。出生于美国马萨诸塞州的剑桥（当时其父在哈佛大学学医），是泰国国王拉玛八世阿南塔·玛希敦之弟，两岁时丧父。1933 年随母移居瑞士洛桑，曾在洛桑大学攻读理科。1945 年回国。1946 年 6 月 9 日，其兄阿南塔·玛希敦国王突遭暗杀后，他继承王位，1950 年 5 月举行加冕典礼，为泰国王拉玛九世。普密蓬国王学识过人、多才多艺。在位期间，他的足迹遍及泰国各个地区，广受泰国人民爱戴。普密蓬国王生前积极推动泰中关系，曾接待过多位到访泰国的中国领导人。2016年10月13日晚间7点，泰国王室宣布泰王普密蓬于15时52分驾崩，享年89岁。

在近代封建统治濒临破灭之际，泰国自朱拉隆功国王时代通过学习日本的“明治维新”，实施自上而下的改革，改善了国内的矛盾，从此在泰国确立了君主立宪政体，保证了国家的稳定发展。在这种体制下，王室贵族并未因为封建时代的逝去而随之全部埋葬，他们在顺应时代发展潮流的同时，依然承袭了作为王室贵族的一些礼节传统，也仍然受到国家和人民的承认。但国王的权力始终存在不确定的因素，议会的权力和国王个人在国民中的接受程度使得王权受到了限制，王室已然成为一种国家意识凝聚的象征。本篇的主人公，作为君主立宪政体下的泰国国王普密蓬·阿杜德，他不仅是泰国人民精神的凝聚力，而且以其非凡的才能在泰国的政治生活乃至社会生活中曾经起到举足轻重的作用。

1. 一生备受人民拥戴

泰王拉玛九世陛下普密蓬·阿杜德，于1927年12月5日出生于泰国王室，1946年登基成为泰国国王，在统治泰国70年之后，于2016年10月13日在泰国

青年时期的普密蓬·阿杜德

王宫驾崩，享年 89 岁。这一消息传出王宫、传遍泰国的时候，举国悲痛。泰国人民带着国王的画像或照片纷纷走上街头，表达他们对这位好国王逝去的无限悲痛和深深悼念。从现场的许多照片上，我们可以看到每个人都被悲伤的泪水浸湿了脸庞，他们相拥而泣，久久不能从这样的打击中恢复过来。

幼年丧父、海外求学。泰国王室从朱拉隆功大帝那时起就有留学海外的传统，普密蓬的父亲玛希敦·纳宋卡就在王室的支持下留学于美国的哈佛大学，攻读医学。玛希敦的身体状况一直很不好，他与妻子就像是被泰国遗忘的王族，在异国他乡体验着近似于普通人简单而快乐的求学生涯。其间，他们的孩子也先后出生，为夫妻俩的生活增添了许多乐趣和难以形容的幸福感。除了学习，每天陪伴妻子和孩子成为玛希敦王子最喜欢做的事情。1927 年 12 月 5 日，他们的第三个孩子在美国的马萨诸塞州出生，玛希敦听见强有力的婴儿哭声后，希望赋予孩子一个保佑他一生的名字，他不希望自己的孩子像他一样体弱多病，希望他们能健康茁壮地长大成人。于是就给孩子起名普密蓬·阿杜德，意思是“土地的力量，无与伦比的力量”，他把他对孩子最殷切的期望赋予其中，希望他可以源源不断地汲取土地的力量，长大以后可以成为一个有能力为国家做贡献的王子。普密蓬的一生也正是用自己“无与伦比的力量”带给泰国人民希望。不幸的是，玛希敦快乐温馨的家庭生活并没有持续很久，在普密蓬两岁的时候，疾病夺取了玛希敦的生命，让他不得以抛弃他深爱的家庭离开人世。对世事还没有清晰记忆的普密蓬只是感觉家里充满了悲伤，他不知道缘由，就在母亲的哭泣中吓得哇哇大哭。

时间一天天过去，孩子也一天天成长。普密蓬渐渐知道，那个爱母亲、爱孩子的父亲早已离开了他们，遗憾的是他还未好好地叫他一声“爸爸”，还未清晰地记住他的容颜。父亲成为普密蓬心中的一个无法具体感知的符号，成长过程中父亲缺失的事实在他的心中不可避免地留下了印记。好在他是最小的孩子，母亲和哥哥、姐姐都对他十分宠爱。这份爱填补了童年中父爱缺失的空白，使他能够健康快乐地成长。本就不是在王宫出生的普密蓬对泰国王室并没有太多的印象，他知道自己是泰国王子，但长期的西方环境使他更像一个西方人。1933 年，6 岁的普密蓬随着母亲从美国移居瑞士洛桑。那时他就如普通瑞士家庭的孩子一样走进校园学习，回到家中品尝母亲准备的饭菜，帮助母亲做一个小男子汉能做的事情。普通人的时光也有王室贵族所没有的简单与快乐。远离了王室也就远离了王室的尔虞我诈、钩心斗角，普密蓬的童年是单纯快乐的。远离故国的他也学会了自立以及像普通人一样地生活。这段短暂的童年和少年时光是他之后人生中最珍贵的回忆。

临危受命，不负使命。在 20 世纪 20 年代末，整个东南亚在金融自由化的浪潮下爆发了金融危机，泰国也深受其害。受到这次金融危机的强烈冲击，泰国国内经济局势十分严峻，政局也是动荡不安。泰王拉玛七世面对这样的局势束手无策，国内群臣对这前所未有的危机也无能为力。焦急如焚的国王为了减少王宫庞大的开支，想要通过裁减大量的宫中劳力来节省资金。无奈宫内各方势力盘根错节，拉玛七世的这一举措打破了各种势力的平衡，这样一来，本是利国利民的好事，却引起了王宫内外的普遍不满。有人趁机发动了一场骚乱，甚至这场骚乱威胁到了拉玛七世的国王地位，朝廷上下以国王治理国家不善而处处发难。被这些搞得筋疲力尽的拉玛七世无力改变眼前的境遇，此时的他面临着要么退位、要么交出权力保留王位的选择。拉玛七世不愿王室在他手里断送，无奈选择于

1935年3月2日宣布退位，结束了他的王位生涯。朝臣考虑到拉玛七世并无子嗣，只得将远在国外的已故玛希敦王子的儿子接回国内继承王位。普密蓬的哥哥阿南塔·玛希敦获得了继承权登上了王位，即为拉玛八世。此时的普密蓬因为未完成学业而没能随哥哥回国。

一眨眼10年过去了，席卷全球的二战终于落下帷幕。1945年，18岁的普密蓬踏上了回国之路，与自己的哥哥在泰国的王宫里相聚。但好久不长，普密蓬归国还不到一年，1946年6月的一天，他从睡梦中被人叫醒，听到哥哥在宫内遇害的消息，他久久不能回过神来，还以为这仍然是自己做的梦呢。等到身边人用力地把他从呆若木鸡的神态中叫醒时，他抑制不住地哭出声来。在神态基本恢复之后，他迅速赶到哥哥的宫殿，而此时，哥哥的尸体已被收拾妥当，只剩下那满屋的狼藉和鲜红的血液刺激着他的神经。他不知道哥哥在那一刻经历了怎样孤立无援的恐惧，也不知道是谁杀害了这个还很年轻的国王。这个国王被杀案最后以自杀的结论而草草收尾，对于王室内部的这些充满恐怖的斗争，当时的他还没有能力做些什么。19岁的他，在哥哥被杀之后的第二天，就被推上了王位成为泰国的新一任国王，史称拉玛九世。

拉玛八世去世的风波还未消散，各国媒体争先恐后地想要揭开这一宫廷秘案的真相，使得泰国原本就混乱的局势更增添了一些难以把控的因素。王位的重担一下压到了这位年轻的国王身上，此前普通人般自由的生活已离他远去，他不能再去过无忧无虑的生活了。这个在他的先祖浴血奋战之下才得以安定的王朝现在又变得蠢蠢欲动，各方势力都想在这国家的混乱之际为自己谋利。作为王室继承人的他有责任也必须承担起保护王室和国家的责任。他决定肩负起自己的使命。但是泰国的国王要掌管朝政有年龄的要求，普密蓬那时还无法接管国家事务，便决定再赴欧洲，学习先进的管理国家的经验，为以后亲政做准备。

普密蓬抓紧自己在欧洲的时间，尽可能多地获得新知识。几年如一日地坚持刻苦学习，使得普密蓬的治理国家的理论知识储备获得了极大的提升，同时也培养了他极高的文化素养。内心有梦想，肩上有责任的普密蓬认真且高效地完成了自己的学业。虽然热衷于学习，但普密蓬绝不是只会在书斋里啃书本的书呆子。在学习之余，他经常深入实践，考察西方国家社会中各项领域的实际情况和政府实行政策管理的民间反应。理论联系实际是获得真理的唯一途径，普密蓬在书本上获得的知识与现实生活有了紧密的联系，使得这些理论有了生活赋予的生命力。这些经验都为他以后治国打下了坚实的基础。此外，作为一个年轻人，普密蓬也有着非常多的兴趣爱好，他喜欢音乐，喜欢运动，还喜欢摄影，不管走到哪里，他都会带着自己心爱的老式相机拍下自己喜欢的一切。从他留下来的相片中我们可以看出他是一个热爱生活又朝气蓬勃的人。1948 年，拉玛九世在瑞士完成他的学位，这段时间他有空就经常访问法国。

在国外获得系统全面的知识后，直到 1950 年 5 月普密蓬才回国正式加冕亲政。此时的国家局势动荡，各方势力盘根错节，需要一位强有力的领导者改变现状。刚刚学成归来，年纪尚轻的普密蓬面对的是极不稳定的国内局势，腥风血雨的政治权斗变幻莫测。因受了金融危机影响国内经济形势也是一片萧条，民众的生活苦不堪言，混乱的政府机关没人顾及苦难民众的温饱。手握军政大权的将军们虎视眈眈地觊觎着国家政权，随时企图发动政变夺取权力，且各将军联盟之间也存在巨大的利益差距，彼此间也是争斗不断。普密蓬·阿杜德国王在位的早期正值銮披汶·颂堪把持政府的独裁时期，那时君主立宪制成立时间还不长，按体制要求国王主要被作为国家的象征而存在，更重要的原因是普密蓬国王年纪尚轻，又刚回国，没有执政的实权和依托。他眼看短短 4 年内就发生多次政变，政权如此不稳，泰国危在旦夕，混乱的局势比战争时期有过之而无不及，让普密蓬国王心急如焚。当时国王与军方势力权力归属正处于拉锯战之中，国王尚有部分管理国家的权力。这也是泰国与当今世界上君主立宪制国家相比极为特别的一点。泰国是一个受中国和印度影响非常大的国家，封建思想和佛教思想盛行，国王不仅是一种象征，他还是泰国人民政治生活和精神生活的双重领袖。国王依旧世袭，并在国家的危急时刻扮演着重要的角色。国王的权力并没有随着君主立宪制的确立就马上被剥夺，仍然具有很大的神圣性。在泰国，对国王不尊敬的行为会引起人们的极度不满。不像以英、日两国为代表的君主国家，王室地位往往只是国家的象征。

虽然泰国的国王地位很高，但是国王的势力也会衰落，朝政也会被不同的朝臣把控。成为泰国国王的普密蓬一登基就面临腹背受敌的危机。而那些大臣还未把这个年轻的国王放在眼里，他们从没想把权力真正地归于国王，同时又希望国王能够成为他们利益的代言人。可是这位年轻国王似乎不如他们所愿。普密蓬有着自己的政治理想和抱负。他有胆有识，绝不会任人摆布。曼谷王朝是由他的祖先开创的，他要做的是恢复曼谷王朝的盛世，将国家的权力掌握在自己的手中。他即位伊始，就一直努力维护国家的稳定。他在位期间，斡旋于各方势力之间，以实际行动维护泰国的稳定，不负使命。

普密蓬国王亲政时期（1950—2016）泰国的政局一直处在动荡之中，军方常凭借自己的势力发动政变，影响和左右担任总理的人选。除了他信时期，泰国没有一位总理能任满4年，内阁更是频繁重组。普密蓬就是要在这瞬息万变的局势中，做泰国的掌舵者，尽力掌握泰国前行的方向，使它不至于偏离正常的轨道。

老年时期的普密蓬·阿杜德

普密蓬在位初期，无力抗衡大权独揽的泰国总理颂堪，他沉下焦躁的内心，开始一步步地熟悉国家事务，将自己的影响力一步步渗透进国家的政权中，尽量平衡各方势力。此时的普密蓬国王虽然还没有掌握实权，但他国王的身份确实任何人都不能小觑，泰国的政权从来没有长期掌握在一个总理手中。每派都有角逐总理的实力，却没有稳固政权的势力，颂堪的独裁没有维持多长时间，后来在1957年8月，由于颂堪越级主持了佛历2500年的庆典，当时也十分有权力的沙立·他那叻元帅对于颂堪的僭越行为十分愤怒，公开指责颂堪对国王不敬。此时，沙立的权力达到鼎盛，而逐渐势微的颂堪难以回击。一时风光无限的颂堪遇到了当任总理以来最大的危机，他低下了自己傲慢的头，跪在普密蓬国王的腿边，请求国王的原谅，希望可以得到国王的帮助和支持。普密蓬国王认为如果颂堪继续担任总理，泰国就会继续处于他的独裁统治之中，他和泰国人民都不想看到这种事情发生。于是普密蓬国王拒绝了颂堪的请求，并劝颂堪为了国内稳定的局势辞去总理职务。颂堪不甘心就此言败，拒绝了普密蓬国王的建议，发动了对沙立派的攻击。但这并没有威胁到早有准备的沙立，反而给了对方名正言顺解除其权力的机会。当天晚上，获得国王支持的沙立·他那叻元帅正式接管了政权，颂堪的独裁政府垮台。泰国政局迎来了沙立担任总理的时期。在这次政变中，普密蓬国王的决断能力已经显现出来，他有着对于政局变换的极强观察力，能够在合适的时机，恰如其分地发挥作为国王的作用，并且在以后的一次次政变中发挥越来越大的稳定调节作用。虽然盛极一时的颂堪独裁政权就此翻篇，但等待泰国的仍然是无休止的争权动乱，而不是长久的和平。

到了沙立时期，国家政局略为稳定，国王与军方的关系保持不错的状态，政府也处于较为平和的状态。泰国的国王和总理存在着微妙的牵制作用。国王和总理友好的关系不仅对于泰国政局的稳定有很好的作用，也能为经济的发展提供相对和谐的环境。并且普密蓬国王在民间的威望越来越高，受到了人民真诚的崇敬。原先被废除的一些皇室礼仪得到恢复。普密蓬国王以自己勤勉的政绩为广大人民所喜爱。

1963 年 12 月 8 日，沙立去世，国王为其举办了规格极高的丧礼，可见他与国王的友好关系。有一位长期从事王室工作的顾问后来写道："没有哪位总理像沙立这样与王室有着紧密的关系。"在沙立任总理的时期，由于他和国王的友好合作，执政较为清明，政局相对稳定。无论如何，王室与政府之间是一种微妙的关系，彼此牵制又相互支持。尤其普密蓬国王始终以民众苍生为念，代表他们的利益，代表着王室的权威，监督着政府管理着泰国，为维持泰国政局的稳定和促进泰国社会经济发展起到了不可替代的作用。

沙立去世后，他侬·吉滴卡宗元帅接管了国家政权。泰国再次回到了独裁专制时期。军政府制定了一项独裁政策即规定立法议会完全由军政府任命，在他们任命的人员当中，有 2/3 的人来自军队或者警方。这一赤裸裸的独裁政策引起了全社会的不满和强烈抗议。为避免宪法被这些独裁者控制，泰国曼谷大学的学生和知识界人士发动了"争取通过永久宪法运动"，13 名发送传单的学生被捕，这一消息的传出激起了更大范围内民众的愤慨，骚乱一发不可收。他们举行了大规模的游行示威，希望废除这一条例，并结束他侬的独裁统治。态度极为强硬的他侬毫不退让，采用武力威胁的方式来镇压学生们的正义运动。一场大规模的冲突一触即发。面对双方的紧张对峙，普密蓬国王决定干预局势，他通过电视和电台警告拿有杀伤性武器的军队不要伤害手无寸铁的学生和知识分子，他呼吁各方要克制情绪，用理智遏制暴力，不要用暴行危害国家和社会，要尽快使国家进入常态，不要做无谓的争斗和牺牲。握有军队的军政府此时完全听不进普密蓬国王的建议，甚至真的开枪射杀游行学生。不忍看到民众流血牺牲的普密蓬当即勇敢地向抗议者打开了宫殿的大门，以保证他们的安全，并接见了学生领袖，为他们提供医疗和救助。国王用自己公开的行动表达了他对事件的明确态度，军方内部出现了不同的意见，军队的嚣张气焰很快熄灭。普密蓬当即召见他侬及其追随者，希望他们能为了泰国政局的稳定放弃权力，离开泰国。他侬接受了普密蓬国王的建议，离开了泰国。随后普密蓬国王任命了法政大学校长訕也·塔玛沙逖为新的总理，又一场政治危机得以平息，又一个独裁时期即他侬元帅的时代成为过去。

总理换了一任又一任，普密蓬的国王却越做越稳，在政府中的根基也越来越深。1992 年泰国发生了震惊国内外的“黑色五月”事件，国王普密蓬再一次发挥了无人可以取代的作用。选举落败的素金达将军不顾民意，凭借自己的军方背景强行担任总理一职，这一举动不仅令普密蓬国王感到诧异，更是激起了泰国人民的极度不满。已具有民主意识的民众对于素金达将军的专制主义表现出了强烈的反抗。泰国曼谷又一次爆发了大规模的反政府游行，他们要求取消素金达的总理职位，重新依照民意选举总理。素金达再一次采用了军方一贯强硬的武力手段，使游行民众付出了流血的代价。但这一举动更激起了民众的愤怒情绪，场面一度失去控制。普密蓬国王看到了军方干政的惨烈后果，决定以此为契机，彻底消除军方干政的现状。他召集素金达和反对派领袖，希望他们不要再以牺牲泰国人民的性命来满足自己的私人欲望。两派在普密蓬国王的劝解下放弃争斗。至此，普密蓬国王再一次削弱了军方对于政局的控制势力。

2001 年，在民主选举中大获全胜的他信担任了泰国总理。以自己独特的治国理念带给泰国 4 年的稳定和发展。但是他信过于维护农民利益，削弱了泰国其他阶层的利益，因此也遭到了很多人的反对。在 2005 年 12 月 9 日，泰国出版业大亨林明达公开指控时任总理的他信贪污，指控他信为了收取 35 亿泰铢的回扣，迫使军方购买不合泰国国情的旧式俄罗斯战机。他信则反驳这指控只是为了2006年大选而做出的。2006年，刚刚获得第二次大选胜利的他信就被他的反对者指控其贪污受贿犯罪。反对者要求他信立即下台。一时间，泰国国内形成了支持他信和反对他信的两大阵营，摩擦冲突不断。矛盾不断升级，最终导致了泰国爆发大规模的游行示威，要求他信下台。普密蓬国王为了平息众怨，召见他信进行会谈。最后，他信接受了普密蓬国王的建议，放弃总理一职。他信还曾说："没有人能够让我下台。但只要国王说一句话，我将立即辞职。"由此可见普密蓬国王在泰国人心中的重要地位。

在普密蓬国王统治泰国70年的历程中，泰国共发生了19次政变（其中13次政变成功），20位总理先后组建了48届内阁。普密蓬国王以平静的心态见证这些政治变迁，始终屹立不倒，并多次在紧要关头出面干政，化险为夷，帮助泰国人民躲过了一次又一次的劫难。

普密蓬国王的晚年长期被病痛折磨，2016年10月13日，享年89岁的他因治疗无效在医院逝世。这位人民的好国王在完成了维护泰国稳定的使命后与世长辞，只留下他的人民对他的深深悼念。

2. 伉俪情深，携手一生

身为王室儿女，享受了普通人无法享受的荣华富贵，就要担负起家族乃至国家的重任。王室的婚姻是筹码、是利益的结盟，但唯独不是他们自己的情感。中国古代有多少妙龄公主被自己的父皇或哥哥送上了漫长遥远而渺无尽头的和亲之路，成为政治王权的牺牲品。普密蓬是一位幸运的王室王子，他娶了他所爱的妻子诗丽吉·吉滴耶功，并携手一生。他们的相遇、结合羡煞旁人，他们收获了在王室中最难得的真心，一生幸福。

普密蓬·阿杜德和妻子诗丽吉

继承了王位的普密蓬深受王室关注，尤其是他的婚姻。其他王室成员为他挑选了许多合适的女子让他选择，但深受西方自由开放思想影响的普密蓬认为自己的王后要自己选，他要选一个他爱的人。平时尊敬长辈的普密蓬回绝了他们为他选择的女子，一心希望可以坠入甜蜜的恋爱。在他返回瑞士洛桑继续读书期间，丘比特终于将美好的爱情之箭射向了他。

普密蓬在瑞士读书期间，有一次要去法国巴黎买车，正好由诗丽吉的父亲——泰国驻法大使——接待年轻的他。诗丽吉十分兴奋，她也想一睹这位年轻国王的风采。但普密蓬的车在路上抛锚了，等到达的时候已经迟了很久。第一次见面时，普密蓬满身油污，又累又饿，而诗丽吉也在等待中烦躁地噘着嘴，但是爱情的萌芽已生在了两个年轻人的心中。这一次普密蓬没有买到满意的车，此后便有了借口一直频繁地去巴黎。普密蓬已经深深地爱上了这个自己国家的活泼开朗的女孩，并展开了热烈的追求。但诗丽吉当时年纪还小，虽然也很喜欢普密蓬，却不知道该怎么相处。或许佛祖看得都着急了，也或许他们的幸福老天爷都嫉妒了。在一次驾车中普密蓬遭遇了严重的车祸，并导致右眼失明。听到消息的诗丽吉心急如焚，恨不得马上到普密蓬的身边照顾他。车祸的发生让两个人猛然醒悟。如果不抓紧现在的时光，那捉摸不定的命运说不准真的会把对方从自己身边带走。想到这里，诗丽吉不觉浑身一颤，恍然觉得可怕："我差点失去了自己此生的最爱。"自此，在普密蓬住院期间，诗丽吉经常寸步不离地在他身边精心照顾。这段医院的时光，给两个人多了一个彼此了解对方的机会。他们发现两个人竟然有如此多相同的爱好。两个人一起欣赏钢琴曲，一起在医院庭院的小路上散步，一起欣赏落日的余晖，幸福得如同花儿一般。普密蓬发现自己喜欢的女孩不仅长得漂亮，还是一位博学的才女。他们经常在一起讨论精妙的文学，碰撞出思想的火花。有一天，普密蓬做了一个噩梦，他梦见诗丽吉在他的眼前跳下了万丈深渊，他惊出了一身冷汗，从梦中醒来，发现空荡荡的房屋就只有他一个人。他吓坏了，慌忙下床去找诗丽吉，可是找遍了整个医院都不见她的踪影。他紧张得都快哭出来了，周围人问他怎么了他也不说，一心就以为诗丽吉出了意外。突然有人在他背后猛拍一下，回过神来的他看见诗丽吉就站在他的身后冲他甜甜地微笑，手里还拿着他最喜欢的食物。他不顾旁人就紧紧地抱住诗丽吉说："千万别离开我，我们结婚吧。"诗丽吉被这突如其来的告白惊到了，想挣脱他的怀抱，但普密蓬一直抱着她不放手，直到她同意结婚，才慢慢松手。两个人决定长久地厮守在一起，有情人终成眷属。婚后，普密蓬曾对诗丽吉——自己的王后提起这一往事，虽然过去很久，但诗丽吉依然感动地流下了眼泪，她抱住普密蓬说："我们永远在一起。"

1950 年 4 月，22 岁的拉玛九世普密蓬回到泰国，与 18 岁的诗丽吉 · 吉滴耶功结婚。王室为他们举行了隆重的婚礼，他们收获了整个泰国和世界的祝福，婚后两人一直甜蜜如初，王后先后为普密蓬生了 3 女 1 男 4 个孩子，虽然他们平时也会为了孩子的教育、生活的琐事而斗嘴，但熟知他们的人都知道，国王和王后都会为了对方做出退让，这是他们长期保鲜爱情的秘诀之一。

普密蓬国王和诗丽吉王后可以说是钻石婚夫妇了。执子之手，与子偕老，他们相伴半个多世纪之久，情深义重，羡煞旁人。泰王的每次重要出行，身边都有这位美丽的妻子相伴。岁月和权力没有使他们的爱情变质，他们因爱相遇结婚，并爱了一生一世。

3. 重视外交，与华交好

泰国是中国的邻国，两国是唇齿相依的亲密关系。自古以来两国有着友好的往来。许多华工华商为泰国的建设和发展做出了不可磨灭的贡献。在泰国很早以前就有了华人聚居地，他们辛勤劳动，是泰国劳动力的重要组成部分；享誉泰国乃至世界的华商谢国民是华裔的后代；政坛枭雄他信也是华裔后代；泰国吞武里王朝的创始人达信大帝的父亲同样来自中国。华工、华商、总理、大帝，从皇亲宗室到政坛政要，从普通百姓再到商界英豪，华裔渗透到泰国生活的各个领域之中。可以说没有华人的泰国是不完整的。有如此深厚渊源的两国只有建立友好合作的关系才符合时代发展的要求和历史的趋势。

泰国王室十分重视与中国建立友好的关系。1975年中泰正式建交后，两国的关系迅速升温。由国家名义进行的访问更是不在少数。这些访问中有严肃认真的国家事务交流,也有轻松愉快的友好来往。普密蓬国王、诗丽吉王后、诗琳通公主以及马哈·哇集拉隆功王储等都曾多次来到中国进行访问、考察和游玩。中国许多国家领导人与泰国王室有着深厚的情谊。1978 年 11 月，时任中国国务院副总理邓小平对泰国进行正式友好访问，受到了泰国王室的热情接待，在泰国集叻达王宫中，邓小平与泰国国王普密蓬进行亲切友好的交谈，两位国家领导人都认识到了建立长期和平友好往来关系的重要性，并且对两国关系的具体交往进行了进一步的讨论。这次会谈证实了两国长久的历史渊源，消除了两国许多的历史遗留问题，为两个国家以后的交往排除了障碍。1980 年 2 月，普密蓬国王在泰国清迈的普平王宫接见了时任中国全国人大常委会副委员长邓颖超和全国人大代表团全体成员，并对他们的来访表示衷心的喜悦。普密蓬国王特别安排专职人员带领他们参观泰国，了解泰国的文化以及商议两国的合作事宜。冰障破除后，两国在经济、政治和文化上的合作有了显著提升。泰国的影视作品也受到中国观众的喜爱。此后，几代中国领导人都曾与普密蓬国王举行过会谈。在几代领导人的努力下，中国与泰国的关系变得越发亲密。2000 年 10 月，泰国王后诗丽吉应中方邀请代表普密蓬国王首次来到中国进行访问，中方为诗丽吉王后安排颇具中国特色的旅行。北京的长城、故宫，西安的历史文化，上海的繁华街市，苏州的小桥人家，桂林的山山水水，都给她留下了极为深刻的印象。诗丽吉王后每天都对新的行程感到好奇和期待。在泰国王宫，她就多次听到过女儿对中国壮丽河山的描绘，此次她也有机会来到中国，完成自己游玩中国的心愿。她表示，中国真是一个美丽的国家，以后有机会一定还会再来。2007 年 10 月 7 日，时任国家主席胡锦涛和夫人在北京与普密蓬国王和诗丽吉王后进行了友好的会见，诗丽吉王后表达了她对中华文化的喜爱以及支持女儿诗琳通学习中文的理由。胡锦涛主席深受感动，他说，中国文化有着极大的包容性，诗琳通公主那么喜欢学习中文，我们一定尽我们所能为她提供学习中文的资源。这次的交往少了国家间的严肃和谨慎，多了一些轻松愉快的氛围。普密蓬国王和诗丽吉王后对此次访问十分满意，期待着能够再次来中国游访。临走时,他们还拍了一张极具历史意义的合照。

泰国王储玛哈·哇集拉隆功是普密蓬国王和诗丽吉王后唯一的儿子，他也曾代表泰国王室多次访华，对中国风土人情印象深刻。现在,哇集拉隆功继承王位，相信会继承父志，为中泰友好的交往铺路搭桥。在泰国王室中特别是作为两国和平使者的诗琳通公主，经常来中国进行学习和交流。她为中泰的交往建起了文化的桥梁，消除了两国的历史隔阂，促进两国朝着更加友好的方向发展。在中国遭遇汶川地震、鲁甸地震等自然灾害时，泰国王室也多次伸出友谊之手，为中国灾区捐钱捐物。诗琳通公主还多次到灾后小学探望，为孩子们送去关爱和慰问品。

中国与泰国是邻国，两国唇齿相依，利益相联。两国的友好往来对于促进两国经济的发展有着重要的影响，丝绸之路的开启会更加密切两国的联系。实现两个国家共同的发展，是我们的共同的愿望。

4. 赢得生前身后名

普密蓬国王在国内外被广泛传颂的是他学识过人，多才多艺，勤政爱民，乐善好施。这奠定了他在泰国人民心目中的崇高地位。

普密蓬国王的多才多艺是人所共知的。他喜欢演奏钢琴和萨克斯，曾经与世界著名爵士乐大师杜克·埃林顿、莱诺·汉普顿等人同台演出。汉普顿在1987年出版的泰文杂志《你好》上发表的文章中写道："他是全世界最酷的国王。"1964年，奥地利音乐与戏剧艺术学院授予普密蓬国王名誉音乐博士学位。

普密蓬国王还是快艇和风帆好手，曾代表泰国参加国际快艇赛得过奖牌，还曾驾风帆横渡泰国湾。

普密蓬国王的学识渊博在世界范围内都是很著名的。他精通7门外语，绘画与摄影均达到专业水平。截止到20世纪末，普密蓬国王获得全球各大学授予的名誉学位达136个，这使他成为世界上拥有名誉学位最多的人。在君主制日益衰微的当今世界，像普密蓬国王这样深受民众拥戴、才华出众的君主实在不多了。

普密蓬是泰国人民心目中的好国王，尤其表现在他的勤政爱民，乐善好施。他逝世后人民对他有着无尽的思念与追忆，他虽然已经远远地离去，在人们心中的地位却与日俱增。

普密蓬国王从1946年即位以来，心中想着民众，努力为泰国人民谋福利。他不仅在政治、经济大局上为泰国提供一个正确的发展方向，还为人民具体的日常生活费心操劳。他从未将王宫当作自己享受的乐园，而是把它当作自己要承担责任的所在。他常常走入民间，关心那些贫苦百姓，由此激励王室和政府官员的责任心，加快国家经济建设和社会发展。

普密蓬·阿杜德去世，民众自发悼念

普密蓬国王在位亲政60余年（1950—2016），足迹遍及泰国的各个角落。他看到泰国的小孩没有机会念书，他就尽可能地多建几座学校，为他们提供一个学习的环境。他得知单位产粮量不大，就自己钻研提高产量的技术。他用王室经费兴修水利、建电站，还在御苑内自种实验田，设立水稻、奶牛场、淡水鱼良种培育和研究中心。他想尽各种办法改进农业生产技术，扩大农业生产，提高粮食产量，减轻农民的劳作负担。他希望提高人民的生活水平，增加人民的营养，使人人都能拥有一个强健的体魄。

众所周知，泰国是罂粟的主要种植地之一，由这一原材料制作出来的毒品除了远销海外，也极大地危害了泰国人民的健康，有些人在还是小孩子的时候就通过父母染上了毒瘾，痛苦一生。普密蓬国王便在许多罂粟的种植地设立专项资金，毁除大量的罂粟，改种茶叶、咖啡等经济作物，帮助当地人民摆脱毒品，摆脱贫困。最受国际社会所称道的是他曾经在泰北山区实施的罂粟替代种植项目。过去，那里盛产鸦片，不仅贫困落后，而且许多人吸毒成瘾。国王 1969 年考察山地部落后成立基金，帮助山民推广种植油茶、夏威夷坚果、茶叶、咖啡等 300 多种经济作物，使当地超过 10 万人从中获益。

鉴于普密蓬国王在农业方面的突出贡献，2006 年 5 月 26 日，联合国秘书长安南亲赴泰国，为普密蓬国王颁发了全球第一个“联合国开发计划署人类发展终生成就奖”。

普密蓬国王自登基以来以自己的博学多才和勤政爱民赢得生前身后名。他不但深受泰国人民爱戴，也得到世界的广泛尊重。作为泰国历史上在位时间最长的国王，普密蓬国王被泰国人民尊称为“普密蓬大帝”。

杰出的女校长
——坤仁·苏查达·吉拉南

坤仁·苏查达·吉拉南（Khunying Suchada Kiranandana，1946—　），出生于泰国曼谷一个中泰结合的工厂主家庭，1967 年获得泰国朱拉隆功大学统计学学士学位，1976 年获得哈佛大学统计学硕士和博士学位。回国后，先后成为朱拉隆功大学会计系教师、系主任，金融与会计学院院长，研究生院长、校长，并且是朱拉隆功大学历史上第一位女校长。2004 年 4 月 1 日至 2008 年 3 月 31 日，在她 4 年任期内，朱拉隆功大学进行了一系列改革，从而使朱拉隆功大学成为一所自治的独立大学。2012 年 2 月 7 日，泰国国王普密蓬·阿杜德国王陛下任命坤仁为朱拉隆功大学理事会主席。

朱拉隆功大学（泰语 :จุฬาลงกรณ์มหาวิทยาลัย，英语 :Chulalongkorn University）是泰国最古老的大学，也是泰国首屈一指的高等学府，被尊为“全国最有威望的大学”。学校名字取自朱拉隆功国王拉玛五世，创始人是瓦吉拉伍德国王拉玛六世。坤仁・苏查达・吉拉南是这所大学历史上第一位女校长。她有一段坎坷的求学经历，最终怀着一颗感恩的心回到母校，将其打造成为一所与世界接轨的优秀高等学府。她的能力令我们叹服，她的人格魅力令我们倾倒。

1. 中泰结合的大家庭

坤仁・苏查达・吉拉南 于 1946 年 2 月 15 日出生在曼谷一个中泰结合的家庭。她的父亲是在移民大潮中迁居泰国的华人，母亲是一位善良的泰国姑娘。苏查达的父亲 1926 年从中国福建来到这个陌生的国度，先是很快融入了泰国人的生活和社交圈子，然后办起了一间小工厂，专门制作火柴。他拥有中国人特有的勤劳和精明，抓住了二战过后人们生活日渐安定而日用品供应不足这个商机，咬咬牙，把自己所有的资产都拿出来，投入企业的生产当中去。从开始的火柴厂，到生产和加工日用品，他的事业做得越来越大，并且逐步发展到国外。而苏查达的母亲——一位天主教徒，是一位典型的贤妻良母。她认为操持家务、照顾好丈夫和孩子是女人的天职，她把一切都无私地奉献给了丈夫和孩子。她性格温柔，乐观开朗，知足常乐。虽然生活刚开始总是很辛苦，可她不抱怨，每天都是快快乐乐的。虽然没有多少文化知识，可总能在平凡的日常生活中体会到朴素的真理。就这样，尽管父母生活习惯不同、信仰不同，年龄也相差 15 岁，但他们的关系非常和谐。在苏查达眼里，父亲是那么风度翩翩，聪明能干，母亲是如此善解人意，充满爱心。

坤仁·苏查达·吉拉南

苏查达是这个家庭的第二个孩子。她的大哥死于第二次世界大战的逃亡路途中，年仅一岁半。这件事极大地刺激了她的父母，尤其是她的父亲，失去长子对他来说无疑是一个沉重的打击，以至于在以后的日子里，他们接连生了7个女儿，2个儿子。父亲认为，一个儿子不算保险，至少得要2个儿子，他才能放心。成年的苏查达谈起这件事时，认为父亲并不是重男轻女，只是观念保守而已。要知道，要维持如此庞大的一个大家庭是非常不易的，但勤劳的父亲和慈爱的母亲不仅把他们养育得很好，还给了每个孩子一样多的爱。

由于父亲做生意的缘故，年幼的苏查达的生活条件在小伙伴中是比较好的。父亲总会给她带回一些从来没见过的小玩意儿，引起玩伴们的羡慕。有一次，父亲带回来一块奶酪，这在当时可是大家闻所未闻的好东西。面对小伙伴们好奇而渴望的目光，苏查达很大方地把奶酪切成小块，分给了所有的朋友。这么可爱慷慨的朋友，谁不喜欢呢？她在小伙伴们中一直很受欢迎。乐于分享的性格，大概就是从那时候养成的吧。苏查达有8个弟弟妹妹，她总是能很好地处理和弟弟妹妹之间的关系。对年纪小的，她总会主动多照顾一些，并鼓励年纪大些的弟弟妹妹互相帮助。如果出现矛盾，她也能不偏不倚地处理。在弟妹们眼中，她是一个公正并且有耐心的好大姐。

父母对孩子的影响总是最显著并且深远的。提起母亲，苏查达的脸上总是洋溢着幸福与感激。“母亲是我最特别的老师。”她说，“和学校里的老师不同，母亲对我们的教育是言传身教。虽然她没怎么上过学，但是她对是非善恶看得非常清楚。她有自己一套独特的人生哲学，是那么朴素而富有哲理。一句老年人的真理年轻人可能也懂得，但却没有他们用岁月积累的生活经历。”苏查达的母亲一直教育他们，与人相处可以要求自己，但不能要求别人。有时候你付出了感情和精力，但不一定能得到相等的回报。所以不必太在意对自己不好的人，要对善待自己的人心怀感恩。看透了这一道理，将来就能举重若轻，淡然处事。这是母亲的哲学，苏查达在此后的人生中躬行实践。母亲还总是对孩子们这么说："你们以后的生活，全由你们自己决定。”这就造成了兄弟姐妹们在遇到犹豫不定的选择或是让人措手不及的事情的时候，总能快速地冷静下来，独立做出决断。苏查达认为这都是母亲的功劳。母亲身上让苏查达赞叹的可贵品质不仅是这些，她最让孩子们感到敬佩和欣慰的，是她乐观无私的性格。“老一辈的女性，跟今天的职业女性很不一样。她们把全部生活放在家庭上，几乎放弃了社交，只有少数几个联系比较密切的朋友。”苏查达回忆道。但是母亲从来表现出的，不是辛苦与劳累，也不是对于自己家庭主妇地位的抱怨，而是快乐与满足。她积极的态度，给整个家庭带来了阳光和温暖。一个真正精神富有的女孩，拥有一颗想要快乐的心，会为生活中的小事而感动，遇到大事也不会大惊失色。她会为她所拥有的一切心怀感激，就算自己达不到理想的目标，做不到想要做的事，也不会灰心丧气，而是继续努力，乐观向上。这，就是母亲为苏查达所展现的。苏查达也没有辜负母亲的期望，真的成长为这样一位充满活力的优秀女性。

苏查达的父亲虽然只是一位商人，但对孩子的教育理念在当时相当超前。他为家里定下了一项规矩，不管你功课如何，回到家都要分担一份家务。所以尽管家里并不缺钱，苏查达放学回家后还是会在厨房帮忙，给弟妹们检查作业。她还自己学会了裁剪衣物，只要有空就自己动手，用碎布拼接成各种各样的衣服。别说，效果很不错，做出的成品经常得到母亲和其他人的夸奖，这也更加鼓励了苏查达和她的妹妹们。她们在这个过程中很快乐，也很有成就感，这使得成年后的苏查达拥有一套独特的服饰搭配观点，别具特色。对于“美”的敏锐，就是这么从小无意间培养起来的。她的父亲认为，不能无限满足孩子们的欲望，否则他们会成为永不餍足的纨绔子弟。只有给孩子锻炼的机会，他们才会变得机智勇敢。所以他一直坚持让孩子们处在富裕的环境中，却依然保持勤俭的美德。他对男孩和女孩一视同仁，并没有刻意地对女孩多加宠爱或者对男孩故意打击，几个孩子反而越发学会了知足常乐，对父母的付出心怀感恩。除此之外，父亲还很反感女儿们把兴趣放在化妆打扮上，他认为作为女孩，更需要发展自身的能力。比如教育，比如谋生的能力，这样日后才可以不用依靠夫家自己养活自己，才能真正地独立。这种观念在当时，可算是罕见了。

当时的泰国，是什么样的风气呢？社会地位跟受教育水平的高低关系不大，有钱人往往把上大学当作可炫耀的一件事，送女儿接受高等教育，则更是奢侈。哪怕是中产家庭，也希望女孩能够尽早成婚，成为苏查达母亲那样的家庭主妇。但苏查达的父亲不这么想。他认为女儿们更应该接受高等教育，因为她们不能像男性一样从事重体力的工作。可年幼的苏查达并不明白这个道理，她刚开始在学校里是个淘气包，成绩并不理想。直到有一天，一向宽容和蔼的母亲从学校回来，竟然独自默默地流下了眼泪。这给了苏查达很大的触动。当时她还想要给自己找找理由，但是面对母亲的眼泪竟然无话可说。母亲语重心长道："你爸爸每日辛苦，我在家里天天操劳，都是为了保证你们可以专心学业。你爸爸要是知道你是这种情况，指不定多伤心失望。你学习不是为了我们，而是为了你自己的将来。现在你都快要被学校开除，我真不知道该怎么办了。"说着说着，又滴下泪来。苏查达看着母亲忧愁的面孔，心里如刀绞一般难受。她没想到自己的不务正业竟然给母亲带来如此大的痛苦，当下就暗暗决定，不能再让母亲流泪了！苏查达开始争分夺秒地学习，哪怕是在家养病，也每天抱着书本。她不光学习课本上的知识，对于其他方面的知识，也像一块干燥的海绵如饥似渴地吸收着。有一次，她的手指受了伤，只好在家待着。那时父亲的办公室刚好有一台在当时很少的打字机，出于好奇，苏查达就开始自己摸索。结果，居然被她慢慢熟练地掌握了打字的技能，这为她以后的学习和工作增加了不少便利。

因为拥有如此幸福和谐的家庭和如此通情达理的父母，苏查达为了不让他们伤心失望，才更加努力地进步成长，取得了比父母预期还要优秀的成绩。尽管这个过程并不容易，她偶尔也会感到迷茫失落，但她最终还是鼓足勇气接受了前进道路上的种种挑战，并取得了成功。

2. 人生的基石：教育

我们知道，苏查达父亲的教育观在当时与众不同。虽然他骨子里还有着很多中国人固有的传统思想，可这并不代表他能够容忍自己的女儿们也成为围着锅台打转、将来全心依赖丈夫的女人。他对“男尊女卑”“女子无才便是德”一类的落后观念弃之如敝屣。他深深

朱拉隆功大学

感到知识改变命运，哪怕是对女性来说，教育和独立也是极其重要的。正是受他的影响，苏查达一直接受良好的教育，直至考入泰国最好的大学。

苏查达5岁半时开始了求学生涯，在一所教会学校接受全英文的教育。老师们都是欧美人，受其影响她的英文读写相当流利。在这种完全西方化的环境下学习，苏查达的性格得到了自由发展。她开朗活泼，自信礼貌。她还有着一副热心肠，经常帮助别人。老师们很喜欢并且欣赏这个可爱的姑娘，对她照顾有加。苏查达提到自己的母校——玛丽安天主教教会学校，总是心怀感恩。“最使我受益的，是我学会了如何为人处世。”她说：“情商在人的生存能力中的作用真是太大了，比智商起的作用还要高得多。如果说人的成就，百分之二十是智商的作用，那么情商可以占到百分之八十。”她至今还对上学的情景记忆犹新。老师们告诉他们，世界上有很多不幸的人，我们这些幸运儿应当对他们给予帮助。不仅如此，老师还带着学生们去看望孤儿。此外，神父和修女们还教给了苏查达对生活的热情。人是一个独立的个体，一切的事物都要自己去感受，去体会。这种热情让苏查达可以每天都情绪饱满地生活，是人生的一笔宝贵财富。

现在的泰国，高考成绩已经不是入学要看的唯一标准，但是当年，高考成绩是一个学子进入大学唯一的敲门砖。而要成为有着“泰国哈佛”美誉的朱拉隆功大学的学生，更是难上加难。可想而知苏查达经过了多么刻苦的学习才在激烈的竞争中脱颖而出。在上大学的前一半时光，苏查达以优秀的成绩完成了综合课程的学习，到了大三，就可以自由选择专业了。但是这时候，却出了点问题。原本，苏查达打算选择会计学，回家帮助父业，可统计学的系主任给她来了电话。这位邦特·肯塔布彻教授是留学回国的学术精英，他建议苏查达选择全新的专业——统计学。而在当时，会计学才是女孩子第一想选择的热门专业。苏查达成绩优秀，所有人都理所应当地认为她会选择会计学。1965年的泰国，刚刚引进第一台计算机，没有人知道它能做些什么，也不清楚统计学是怎么回事，苏查达的父亲同样不知道，但他并没有阻拦女儿。事实证明他是对的，拥有前两年会计专业知识的苏查达，足以在工作上帮上父亲的忙了。

苏查达做老师的天分在上大学的时候就已经显露出来。当时，她的课堂笔记总是最受欢迎的，她还跟同学分享了自己做笔记的心得，一共有 12 条要点，可谓条理清晰，逻辑明确，让人不得不赞叹：这位优等生的学习方法果然独特又高效！班上的同学只要有解决不了的学业问题，第一个想到的救星就是苏查达。苏查达也很乐意帮助同学们，只是找自己的人实在太多了，她只好在考试前放弃一些不太重要的课程去辅导他们。所有人都说她又聪明又耐心，讲解得特别到位，如果去做老师，一定是一位好老师。苏查达后来果然选择了留校任教，她认为做出这个决定和自己的家庭与性格也有很大关系。在家里，她是长姐，对弟弟妹妹的功课总是要多费一些心，同时也养成了她耐心、会引导的教学特点。每当看到自己辅导的人脸上露出恍然大悟的表情，苏查达比自己学会了新知识还要开心，并且特别有成就感。所以，在进行职业选择时，她毫不犹豫地选择了自己所擅长的职业。“我是一个有一说一、有二说二的直爽人，”苏查达承认，“如果我在企业或者政府机关工作，像我这种不会讨好上级的人肯定不能得到很好的晋升机会。而在学校就不同了，我只要不断学习，保持自己的学术水平和能力，就没人能剥夺我的个性。”而苏查达的个性，是她最为珍惜的。大学教职工人员的工资在当时并不高，但是选择这份职业的人往往内心怀着一种崇高的热情，苏查达也是如此。

在毕业典礼上，苏查达受到了全校师生的注目，因为她是唯一拿到“一等荣誉生”称号的学生，并且，她还获得一枚只有学院成绩第一的人才能得到的金牌。尽管年轻的苏查达从来不在自己的外表上多多费心，但她深厚的学识、强大的内心使她的气质在人群中脱颖而出，格外出众。只要你和她交谈几句，一定会为她优雅的举止和深邃的内涵所倾倒。

大学毕业的苏查达如愿成为朱拉隆功大学统计学系的一名助教，她的伯乐邦特·肯塔布彻教授一直留意着这个充满干劲的年轻人，考察了一段时间，便把她提拔到讲师的岗位上去了。甚至，某一天，这位可敬的教授忽然建议她去美国留学。苏查达惊呆了,原来，肯塔布彻教授是泰国统计委员会的秘书长，他从国际发展署那里争取到 5 个留学奖学金名额，这是国际发展署刚刚开设的项目，鼓励缅甸、泰国、柬埔寨等亚洲发展中国家的优秀学生出国发展，机会非常难得。苏查达很幸运地得到了一个名额。在肯塔布彻教授的帮助下，苏查达开始准备申请美国的名校，一扇新世界的大门在她面前打开了。肯塔布彻教授本身是芝加哥大学毕业的优秀人才，有了他的无私帮助，加上苏查达从小在教会学校的学习经历，使得她无须参加英文考试就可以申请国外的大学。终于，在忐忑又漫长的等待之后，苏查达收到了美国哈佛大学的录取通知！肯塔布彻教授激动又欣慰地对她说："勇敢地去吧！全新的世界在等着你，如果你不迈出这一步，那你的人生就只能这么小，当你抓住了机遇，世界都将是你的。"老师的话激励了苏查达。她也曾害怕独自出国的孤独，也曾担心学业尚未知的坎坷，但她还是鼓足勇气，跟父母说了此事。母亲一般是顺着儿女的，在她离开泰国前，只是担心着她到美国的衣食住行。父亲倒是很镇定，他告诉女儿，不用担心经济上的问题，要抓住大好的时机，学成归来，更重要的是要好好体验异国的生活，增长见识。他还叮嘱女儿，做事在坚持本心的同时也要保持理智，做一个思想成熟的人。在依依不舍中，怀着不安和憧憬，苏查达踏上了飞往美国的航班。她从曼谷到俄罗斯，到哥本哈根，再到纽约，最后才到达华盛顿。在这里，她要独自度过一个适应期，然后去波士顿开始正式的研究生学习生涯。偏偏在此时，她的寄宿家庭外出，住宿成了问题。

精疲力竭的苏查达情绪非常低落。一直以来，她虽然学习很刻苦，但是有家人的照顾，生活很轻松，但是现在，所有的一切都令她发愁。好在这一次单独的旅途让苏查达成熟了很多。当她感到畏惧，想要退缩的时候，就开始思考背井离乡远赴海外留学的意义何在。对自己的祖国，对自己的母校，能有贡献吗？对自己未来的人生、职业，对自己的理想来说，这么做是值得的吗？每次这么一想，她的意志又变得坚强起来。她清楚地知道如果想要实现自己的理想，回报自己的祖国,这点苦她必须承受。她独自解决生活的难题，慢慢地学会独立生活。接着，苏查达又面临一个更具有挑战性的问题——社交。社交能力在哈佛大学的重要性是众所周知的。她努力学习和同学、导师处好关系，以获得更多的机会，不至于落后于众人。“泰国对那时的美国来说还是一个寂寂无闻的小国家。”苏查达颇为无奈，“普通的欧美人了解的亚洲国家实在很有限，仅是中国、日本和印度。”因为学校周边没有泰国餐厅，苏查达不得不习惯美国的食物，不过在中国朋友和新舍友的帮助下，她适应得还算顺利。那时，有件事总让她有些不舒服，那就是在提起自己的学校——哈佛大学的时候，人们总是露出万分惊讶的表情，不敢置信她会在那里上学。当时西方人对泰国的轻视是不可避免的，苏查达为此感到难过。她更加坚定了刻苦学习的信念，因为只有这样，才能捍卫自己乃至国家的尊严。

当苏查达开始为接下来的学业而认真准备时，她震惊地发现，哈佛学生的努力程度几乎可以用“恐怖”来形容。她抵达学校的时间正好是午夜，按理本应一片漆黑的校园亮如白昼。不仅是自习室，食堂、图书馆、路边……一切有灯光的地方都变成了学习的圣地。学生们不分昼夜地刻苦读书，这种紧张而积极的气氛一下子把苏查达打动了。在这里，餐厅就像是一个可以吃饭的图书馆，甚至在医院，等待看病的人们也都在安静地或看书或思考。学生们累了，随时在某个角落睡去，醒了又是无休无止地汲取知识。苏查达也是非常努力的学生，她每天凌晨睡去，清晨就醒来，从一开始怎么也睡不够，慢慢地变成一睁开眼就精神抖擞。她有自己的一套学习的秘诀。首先，是要保持效率，不要因为拖拉或杂事耽误时间。其次，是巧于休息，劳逸结合。最后，要理清自己的思路，才能顺利高效地完成事情。“如果我不能改变这个世界，那我就去改变自己。”苏查达对自己说。但这种生活带来的好处也是显而易见的。苏查达在哈佛完成了高于在朱拉隆功大学几十倍的书籍阅读量，每节课前做的准备也远比以前充分。再经过与同学、导师的深入交流，苏查达有了脱胎换骨的变化，她真的爱上了学习。她从老师那学到一些很有用并且有趣的学习方法，使她以精神饱满的状态顶住了哈佛的淘汰压力。是的，在哈佛，竞争非常激烈，只要稍微放松，就会被休学或退学。每年这样的学生有 20% 左右。不仅是学生，老师们的工作压力也非常大，学校要求他们必须走在学术前沿，这样一来，学校里几乎没有闲着的人，大家每时每刻都很忙碌，根本没有时间去泡吧或者开派对。

最艰难的时刻，苏查达特别想要流泪，但是她忍住了。走在前面的人总是孤独的，但是不可以退缩，因为还有月光在指引你前行。苏查达在承受学业压力的同时，有时还会受到来自一些人的异样眼光。一次，有个无聊的当地男生开了个玩笑，问她泰国是不是都骑大象，她微微一笑，没有放在心上。不过，也有很多善良友好的美国人，让苏查达在异乡感受到很多温暖，比如她的导师威廉姆·柯克伦。在第一次见面时，他表现平淡，但是却已经开始为苏查达的学习任务做打算了。他在学术方面是认认真真、一丝不苟的，在生活中又是一个慈祥宽容、低调诚恳的人。在他的带领下，刻苦认真的苏查达第一学期就获得了全 A 的好成绩。远在泰国的苏查达的恩师听闻，马上请求国际发展署继硕士奖学金之后继续提供博士学位的奖学金，以帮助这位优秀的弟子完成学业。终于，他们同意了，条件是两年半以后她必须立即回国，不管有没有拿到博士学位。任重而道远，苏查达一刻也不敢松懈，硕士毕业之后马上继续开展博士的日程，每天都在争分夺秒。可是，在只差语言考试和毕业论文的时候，朱拉隆功大学给她下达了最后通牒：假期和签证都已到期，奖金也已用完，必须立刻回国。迫于无奈，苏查达只好返回泰国。她原本计划，在国内完成论文，再回美国申请博士学位也不迟，可往往事情总是出乎预期——泰国资料不全，网络不发达，她根本无法完成这一篇学术性很强的博士学位论文。并且，她是带职出国留学的，回来以后依然是老师，需要每天备课上课，非常辛苦，就更没有这个时间和精力了。

不过回国以后也不都是烦恼的事，有一件非常值得庆贺的事，那就是苏查达和相爱多年的男朋友终于走进了婚姻的殿堂。她的丈夫田柴跟她有着相似的经历，都在朱拉隆功大学就读本科，然后留校任职，后来都去了美国读研。两个淳朴并且相爱的年轻人结婚了，他们志趣相投，彼此欣赏，相处融洽又幸福。小夫妻俩并不太在意物质条件，他们追求的是精神的共鸣。相携相伴地面对生活中的种种困难和挑战，也让他们的感情更加深厚。婚后，田柴得到了去杜克大学读博的机会，并且申请到了奖学金。这太难得了，他们开始考虑是否要对未来重新定义一下。本来，苏查达的博士学位还没有着落，正好此时有了这个契机，夫妻俩一商量，没费多少时间就拍了板。辞职，去美国！

这个决定一下，很多人感到不可思议，纷纷表示惋惜，毕竟10年的公务员就这样没了。也有人怀疑他们的动机，认为他们是想长期留在美国。其实，苏查达决定辞职的原因有很多，主要的就是在任职的情况下，她必须每6个月从校长那里获得批准后才能离开，这给她的学习带来了很多麻烦。此时，她的恩师已经从学院退休，苏查达和丈夫毅然决然踏上了圆梦美国的征程。

3. 回归母校的工作成就

回到哈佛大学的苏查达，鼓起十二分的干劲，拼命阅读、收集资料、整理数据，终于顺顺利利地完成了博士学位论文的答辩，得到了拖延了许久的学位证书。丈夫田柴则在杜克大学专心致志地念博士，苏查达结束了自己的学业，就来到他身边，一边在大学里工作，一边照顾他的生活，一直到他毕业前夕。有一个岔路口摆在他们眼前：留在美国，还是回国？在这个时候，苏查达想到了自己的恩师——已经退休的邦特教授。早在她本科的时候，教授就曾劝说她选择统计学专业，他说这是一门非常实用的学问，对国家未来的发展很有帮助。当时苏查达虽然听从了他的建议，但是内心还是懵懂的。可此时的苏查达，已经拥有了统计学博士学位，对于统计学有了深刻的了解，对当时邦特教授的殷殷苦心也已经非常理解了。她不想辜负恩师的教导和期望，同时，又很希望能为培养自己的母校和养育自己的祖国母亲做些力所能及的事。邦特教授说过未来的统计学会大放异彩，可如今它只是朱拉隆功大学里一个不起眼的小学科。苏查达觉得自己有责任也有义务将它发展壮大。田柴十分支持妻子的想法，事实上，他也抱着同样的态度。美国再好，毕竟不是生养自己的地方，他们留下，虽然也能过得很好，甚至比在泰国好得多，然而心里总是会有一块地方空落落的，那是对祖国和亲人的怀念。

既然决定了，苏查达就向朱拉隆功大学发出了信件，请求回到母校的统计学系，重新开始教师的工作。然而，一连发了 3 封信，她依然没有得到任何回应。苏查达猜想，也许是校方对于这么一个哈佛毕业的博士生请求回校存有疑虑，认为她只是想暂时有个平台，以后还会跳槽到更好的单位。又或者，新任的系主任，那位不太认识自己的女士，认为自己并不是真心的，所以才会不予理会。苏查达第四次给学校发去了信件，诚恳地表明了自己的想法，并且要求不管结果如何，请一定给予回复。如果不行，她就要考虑找别的工作了。在这封信发出的几天后，苏查达得到了回复："你回来吧。"

一波三折，苏查达终于回到母校任职。朋友们在理解的同时又为她感到遗憾："美国的薪资待遇这么好，留在那里会有更好的发展前景和生活水平，而朱拉隆功大学并没有高薪聘任你，是你自己非要回来，还引起别人的疑心，值不值呀？"对于这一点，苏查达自己倒是很淡然，本来，她回国就是为了兑现当年的承诺，也是为了感恩母校的培养，更是为了发展祖国的统计学专业，工资什么的，她并不在意。她回到母校之后，薪水是每月 150 美元，这对于一个留美博士来说，简直低得不可思议。朋友们聚餐的时候，甚至都不要苏查达掏钱，开玩笑地说她简直要活不下去了。丈夫田柴也在朱拉隆功大学任教，是在经济学院。新任商学院院长还找他们夫妻俩谈过话："你们要好好考虑这个决定。毕竟薪水太少，怎么养家？"他的话语里不是没有担忧的，之前就有老师因为薪水问题，最终还是跳槽去了银行。苏查达对他承诺，自己的心是真诚的，一定会踏踏实实地做。没有钱，没关系，他们可以不下饭店，不去玩乐。她认为，外界的娱乐都是浮云，只要内心富有，生活就会有滋有味。最终下的这个决定，苏查达也不知道到底是对是错，但是她还是遵循了内心的呼唤。很多人总是在羡慕别人的生活，那是因为他们并不知道自己最想要的是什么。如果想要花天酒地，那么教师这个行业是不适合的，但是，如果你的目标是回报这个社会，发展这个行业，那么选择这个岗位，就算生活上苦一些，内心也是快乐无比的。她相信，能想通的人都会活得非常轻松快乐，因为他们都是拥有智慧的人。如果不明白，可以先尝试着开始，慢慢地，就会越来越明白了。但是最重要的，你要知道你要什么。

苏查达就是这样一个坚定的人，她清楚地知道自己想要的是什么，并且愿意为此付出努力，不懈追求。她把自己海归博士的牌子扔到一边，勤勤恳恳地开始了作为普通教师的教学研究生活，奔波在图书馆、教室、家三点一线之间，每天都很充实。很快的，她超强的科研能力和优秀的教学成果让原本不太看好她的领导和同事刮目相看。他们不得不承认，苏查达的确有决心，也有实力，把处于弱势的统计学提升到一个更高的层次上去。1979 年，苏查达成为金融与统计学系的系主任。在她任职的 8 年间，朱拉隆功大学的统计学专业渐渐发展成了名副其实的优势专业，为学校，甚至为国家，都做出了突出的贡献。做系主任的这段经历对苏查达来说是特别的，因为她的资历在一众老教员中间算不上什么，很难服众，但苏查达的真诚和工作能力是有目共睹的，最终整个系的工作人员都认可了这位新主任，并且凝聚力得到了进一步增强。

1991 年，从未有过的情况在朱拉隆功大学出现了。一位十分出色的系主任，直接被提名为金融与会计学院的院长，她就是苏查达。8 年又过去了，苏查达成为朱拉隆功大学第一位女性研究生院院长。这是一件很不容易的事，因为提名院长需要征得所有学院和机构的同意。苏查达虽然专业水平过硬，但是当她重返校园时，在事务管理方面，没有一点经验可谈。她能到达这个职位，完全是靠不断的探索和努力，并且勇于承担其后果的勇气和毅力得来的。2004 年，苏查达成为朱拉隆功大学历史上第一位女性校长，万众瞩目之下，她从诗琳通公主手中接过了校长任命书，台下掌声雷动，实乃众望所归。

就任校长以后，苏查达的工作变得愈加繁忙，并且和有些人的利益冲突也变得尖锐起来。在推行改革的过程中，甚至有人放言如果苏查达不是女人，一定会揍她一顿。可苏查达始终态度坚定，不为所动。她明白，众口难调，涉及利益，她不可能保证每个人都喜欢自己。如果因为某些人的反对，领导就开始退缩、认输，那么注定做不出什么成绩。在苏查达之前的 20 位校长无一例外都是男性，包括她的丈夫田柴。第一位女校长不是那么好做的。面对反对者，苏查达有时会态度强硬，对就是对、错就是错，有时会照顾对方的情绪，根据对方的诉求去了解他，劝说他。这还只是人事方面的难题。泰国的教育越来越全球化，尤其在高校，领导层面临着史无前例的艰难挑战。国家下

参加活动的坤仁·苏查达·吉拉南（右二）

拨的资金如何分配？海外分校如何授课？如何才不至于在全球激烈的竞争中倒下？这些都是苏查达正在面对的更多的难题。

首先要面对的，是学校窘迫的经济状况。自1999年新法案颁行以来，高校教师再也不是稳定、高收入的“铁饭碗”了，学校里人人自危，在这时，苏查达开始了她的改革之路。其中最重要的一项，就是鼓励教师提高科研能力。如果学术成果不达标，那么就不能留在学校。另外，为了改善经济窘境，为教职工提供更好的条件和待遇，苏查达再次把自治大学事项提上日程。这件事的成功可以说是苏查达任职期间为学校所做的最大的贡献之一。早在 1998 年，朱拉隆功大学就有意向要转变为自治大学，但始终受到阻挠，没有成功。苏查达上任之后，为了表明此举的确是有益于高等教育和高校发展，而不是为了个人，她郑重宣布，自己不再接受下一任校长的提名。这样，立法机关才终于通过了这一法案，朱拉隆功大学终于在 2008 年 2 月 6 日正式成为泰国第六个自治大学。成为自治大学之后，学校拥有了更多的自主权，可以自主拨款提高教师待遇，引进高素质人才了。这时苏查达的目光转向了学校经费的可持续发展上来。怎么样才能让学校一直有充足的经费来维持高水平的运转呢？这可是很大一笔开销，学生的学费和政府预算根本是杯水车薪。于是，苏查达推动了第二大改革，用新方法管理学校资产。她把属于学校的土地承包给私人企业，并且极其有魄力地处理了学校的烂尾楼问题。这个价值 25 亿泰铢的项目烂尾了有 8 年之久，苏查达申请 27 亿泰铢后续投资资金时，遭到了大学委员会的强烈反对。但苏查达的商人基因和大学的会计基础告诉她，继续投资，6 年就会回本。事实证明，在苏查达力排众议之后，没用 6 年，成本已经完全回来了。苏查达为学校做出的第三个贡献，是改革了人事制度及管理。当时学校里的人事系统十分特殊，类型冗杂，为了建立一个更加能够激励员工上进的职业系统，对表现优秀的职工予以奖励，苏查达参考国外大学的案例，完善了朱拉隆功大学的人事管理制度。此外，苏查达还引进了 ERP 系统，在高校管理中应用了企业资源管理，并且确立了以学生为中心的教学方法。

苏查达重视学术能力，鼓励学生培养多元的文化观念，把师资力量建设作为重中之重，并且针对学生开展了一系列多层次教育。在她的带领下，朱拉隆功大学一直处于泰国领先水平，甚至在亚洲都有一席之地。作为校长，她鞠躬尽瘁，并且成就非凡。回首往事，想起当年对老师作下的承诺，想起年幼时的理想，她应当是问心无愧的。作为一个独立的人，她认真，努力，没有辜负父母的期待和自己的机遇，她直言快语，雷厉风行，在受到质疑的同时，更多的是证明了自己的人格魅力和能力水平，最终得到同事、领导、下属的一致好评。作为一个女人，她家庭幸福，既有温柔的一面，又有坚强的一面，丈夫事业有成，孩子们也都很有出息。苏查达的人生无疑是成功的，这是她不懈拼搏的结果；在成功之后还能保持内心的平静和淡泊，不能不说这更是一份难得的修为。

“我曾经觉得，我比别人更努力，就一定会变得更优秀。但是经历了很多之后发现，‘成功’这个标准应该是由自己定义的，而不是其他任何人。”苏查达笑着说，脸上的微笑是那么温和而恬静。“回首过去的岁月，我有很多很多的心得体会，我常常跟我的孩子们分享。其实，过了 50 岁我才明白，真正的成功是还有很多人在关心你，爱你，我为我拥有这样一群挚友而由衷地感恩。”她的眼睛闪烁着智慧的光芒，岁月不止沉淀在苏查达的眼角眉梢，更是沉淀在她的心里，让她将这个世界看得更加通透。

泰籍华裔的商界传奇——谢国民

在泰国，众所周知以农业和食品加工为主的农牧业、以便利店为主的零售业和以手机通信为主的通信业为三大核心的事业集团——卜蜂集团，它以自身雄厚的实力成为泰国最大的民营企业集团，成为商界独树一帜的标杆，是人人称道而为之惊叹的传奇。而对卜蜂集团的发展起到至关重要作用的舵手谢国民（Dhanin Chearavanont，1939— ），泰国名塔宁·谢拉华隆，正是泰国正大国际集团董事长。他曾经被称为泰国最富有的人。他是泰国的商界传奇，却与中国有着深厚的渊源。

谢国民，出生于泰国唐人街，是泰

谢国民

籍华人，祖籍广东澄海。小时候，为了学习中文，回汕头念书。后来到香港学习经济管理和商务。大学毕业后回到泰国。先在国营蛋类合作社等单位工作了近5年，1964年才到父亲创办的正大集团任职，1970年，成为这个集团的掌舵人。正大集团是一家集农、工、商综合经营的国际性大财团，在全球拥有超过50家公司及企业，并率先在中国大陆投资，并有企业30余家。泰国国王曾亲自授予他泰国政法大学“商业荣誉博士学位”，以表彰他对泰国经济发展的贡献。谢国民被人称为“农牧巨子”。亚洲经济刊物《亚洲金融》在1988年称他是“亚洲最杰出的企业家”。

1. 卜蜂集团的诞生和发展

出生于广东潮州澄海外砂逢中乡的谢易初，是谢国民的父亲，也是他一手创办起了卜蜂集团。后来辗转多地抵达泰国。潮州和汕头毗邻，被统称为潮汕地区。潮汕地区自古贸易兴隆，当地拥有连绵不断的丘陵、山脉，陆地交通由于山脉的阻隔尤为不便。要想离开家乡外出闯荡，在内地几乎没有什么机会，只能通过大海去别的地方发展。在历史上，潮汕地区都是对外贸易的重要口岸。早在宋朝年间（1260—1279），潮汕地区就持久密切地与日本进行着商业贸易。1860年汕头开埠后，为谋求新天地以摆脱较为贫穷的生活，大批人便抵达中国香港以及泰国等较为开放的东南亚地区闯荡、打拼。或许正是这样得天独厚的地理优势，成为谢国民的父亲谢易初敢闯敢干的优势条件。

谢国民的父亲一家在潮州世世代代都是地主，他的祖父没有兄弟姐妹，所以他的父亲理所当然地继承了全部家产土地，富裕的家境让他小时候衣食无忧。但是谢国民的祖父却受当时社会上不良风气的影响抽起了大烟，沉迷于此无法自拔。对于毒品的嗜好直接把整个富裕的家庭拖入了无底的深渊。谢国民的父亲是4个弟弟妹妹的大哥，担任着别人无法承担的责任。谢国民的祖父因为吸食鸦片，30多岁就去世了，那时父亲才十五六岁。猛然间，家里的顶梁柱倒了，整个家庭都陷入恐慌。作为大哥，谢国民的父亲担起了家庭的重任，为了供二叔上大学，年少的父亲和三叔私下筹划，最后毅然决然地踏上了从商的道路。

任何一个企业的成长，其产品都需要适应广阔市场的需求，这个企业才能在初期争得一席之地，以谋求不断壮大发展。谢易初正是看到了潮州的蔬菜因为气候、技术等原因而无法发挥高品质的优势。于是他冥思苦想，终于明白，只有选择精良的品种，才能解决这些问题。在蔬菜生意中看到了如何赢得利益。谢易初开始投入，从事菜种的贸易生意。但国内的市场太小，中国虽然幅员辽阔，新种蔬菜的需求只局限于东南沿海地区，于是为了赢得更加广大的市场，谢易初决定向东南亚地区拓展市场，争取赢得更大的利益。在当时，这里既不存在宗主制度控制下的政府，欧美大型企业的势力也未深入内地，作为唯一没有遭受殖民的国家，谢易初从中看到了发展空间。

来到曼谷后，谢易初在闻名遐迩的昭拍耶河岸边的唐人街住了下来。慢慢地，谢易初开始了商业的投入与运转，终于在1921年，他在属于中国人的唐人街开了自己的店铺，当时只是一个叫作“正大庄”的小商店。所谓光明正大，在我国的古代汉语中，这个成语的意思是严格恪守着人间道义、公正公平地干事。谢易初最早在潮州开的公司叫“光大”，后在泰国开了公司，便改了名字成为“正大”。“Chia Tai”，是潮州话的发音，当然入乡随俗，泰国的当地人也这么叫谢易初的公司名字。但是谢易初却将菜种店的产品从包装到成品都与众不同，做到极致。谢易初为了提高自己追求科技的理想，把飞机印到出售种子的商标上，以此来督促自己，不断进行科技创新。谢易初还冥思苦想，努力改良蔬菜的品种，他分别在老家潮州和泰国开设了自己的农场，培养优质的菜种。谢易初为了可以跟外国企业熟练地打交道，便高薪雇用了一位居住在曼谷的会说泰语的英国人，他叫亚历山大·坎贝尔。这样认真的态度和精益求精的精神在企业创办初期，对赢得一个良好的信誉和企业形象十分重要。谢易初提出“品质第一”和“重视顾客”的理念，并持之以恒地去践行它，家族企业的种子销售额也持续攀升。父亲的特殊性格——对新鲜事物充满强烈的好奇心和超强的能力——科学细致地观察事物，这些都对日后的谢国民产生了广泛而深远的影响。

2. 漂泊辗转之旅

1939年，谢国民就出生于曼谷的昭拍耶河岸边的唐人街，在4个兄弟中排行老四。幼年一段时期，曾随母亲陈金枝一起住在父亲的老家。后来由于父亲生意越做越大，谢国民便随母亲从潮州来到父亲店铺的所在地——曼谷。在店铺的对面，父亲又开设了一个总部。在最初企业规模还较小的时候，办公室和仓库、居住成为一体，不仅有利于节约成本，并且能够及时处理各种事务。

谢国民随母亲来到曼谷的时候，泰国国内和平安宁，泰国之外则战乱频仍。在第二次世界大战中，战火燃烧到了东南亚。太平洋战争爆发后，日军控制了从泰国通往中国的海上交通要道，割裂了两地的联系。受战乱的影响，父亲原本一帆风顺的事业受到了前所未有的阻碍，企业发展十分艰难。当时谢国民的父亲身陷马来西亚的总部，谢国民只能与母亲相依为命。但也正是母亲言传身教的教育培养，为日后谢国民的商业之路产生了深远影响。

母亲陈金枝对身边的用人们极好，从来没有架子，而是非常体贴、公正地对待他们。母亲对用人的态度与母亲小时候在潮州遭受过海啸的经历有直接原因。由于母亲的家靠近海边，在海啸发生后，直接成为受害者，家里被海水冲刷得一贫如洗。外婆不幸遇难，母亲的兄弟姐妹虽然幸运地逃过一劫，却九死一生，不得不以讨饭为生。正是这样的生活经历，母亲经常帮助别人，主动地照顾生活拮据的亲戚，每周都会给他们送些钱当作生活补贴，以缓解他们的经济处境。这种对利益的淡泊与对亲人无微不至的大爱，感染了很多的人。母亲过世时，认识她的人都哭得非常伤心，沉痛地悼念她。母亲的恻隐之心和善解人意，使谢国民受到很好的精神熏陶。俗话说："赠人玫瑰手有余香。”这并非局限于物质层面，精神的感动来得更加深刻。从母亲那里,谢国民明白了不论是做人还是干事业，都必须从别人的实际出发，思别人之所思，这也是每个企业公司持续经营、长期发展的立足之本。一个企业的经营者一定要换位思考，从别人的利益出发，从不同人的立场观点出发来换位思考，从而给予员工和客户们所希冀的机会或利益，方可保证这个企业的不断强大。

11 岁那年，谢国民从泰国曼谷出发前往父亲的家乡广东汕头接受教育。1952 年，谢国民以插班生的身份，在汕头上了小学四年级，而对于一个从小生活在泰国的中国孩子，对汉语非常陌生。当时他因为不认识汉字受到了许多人的嘲笑，这严重地伤害了谢国民幼小的心灵。“知耻而后勇”，于是谢国民从书店买来字典，废寝忘食，开始苦学汉字。不论在早晨还是傍晚，都可以看到谢国民刻苦努力的身影。皇天不负有心人，谢国民在进入五年级的时候，名次升到第二、第三。认识汉字后，谢国民的各科学习成绩也取得了较大的进步。在此期间，谢国民遇到了一位对他影响深远的女老师——小学班主任陈诗馥。陈老师甚至不惜牺牲自己的业余时间，经常帮助他学习，还鼓励谢国民担任了班长。正是因为这个不到 30 岁的女老师的帮助，谢国民才能够不断地得到锻炼，提升自己各方面的素质。

后来在谢国民初中一年级的时候，因为姐姐在广州上大学的缘故，他辗转去了广州上学。广州话对他来说又是一大挑战，虽然潮州话也属于广东话，但发音等却有很大的差别。在一年的时间里，他努力适应新的语言环境，终于可以熟练地运用一些日常用语。后来，在父亲的安排下，他又去香港学习英语，为日后子承父业打下坚实的语言基础。

谢国民从小的梦想是成为一个电影导演，他觉得这是一件极具创造力和挑战性的事情。谢国民在香港一直待到了 17 岁。香港作为电影的天堂，这种独具魅力的文化让谢国民痴迷，这为谢国民的梦想提供了优越的环境。在这段时期，他深受香港电影业的影响，深深地喜欢上了电影业，并通过各种方式接近电影的拍摄以及后期的加工，助力他的梦想。刚好谢国民靠

发表演讲时的谢国民

着一位香港朋友的哥哥是电影明星身份的这层关系，经常可以自由地进出摄影棚，认真学习，渴望得到锻炼与提升。

在香港上学的目的，谢国民的父亲本是希望他在香港特定的语言环境下打好流利的英语基础，然后去澳洲专心进修，学习澳洲先进的农业培养等技术，最终回到企业，以自己所学谋得企业发展。但谢国民经历了太多漂泊的生活，他已经对这种辗转不定“独在异乡为异客”的孤独感到深深的无助与害怕。于是他决定不去留学。而正在这时，香港的经济状况给了谢国民更多一层的选择。正值20世纪50年代后期的香港，受到国家政策的直接影响，大片土地公有化、私有企业以及资本家被批驳、打倒。在这样严峻的形势下，虽然谢国民的父亲暂时保全了性命，躲过了杀身之祸，但财产全部变为公有、被没收。父亲敦促谢国民说：“如果不学习的话，那就回去泰国工作吧，早日接触，积累工作经验。”就这样顺理成章地，谢国民离开香港回到了曼谷。

新中国成立以后的相当一段时期，中泰两国关系持续恶化，当时的泰国政府国内推行反共政策，使得中国移民在泰国受到了严重的排斥，甚至泰国政府接不接受还是一个问题。于是为了进入泰国，谢国民把自己护照上的中国名字改为泰国名字塔宁·谢拉华隆。

谢拉华隆是谢国民一家的泰文姓氏，塔宁则是一个官员给他起的泰文名字。但谁都不知道，在这样严峻的形势下进入泰国发展的谢国民，后来竟然成为泰国无人不知、无人不晓的人物。

谢国民在外面漂泊的这几年，虽然企业发生起起伏伏的变化，但还是在持续发展着。在谢国民的三叔谢少飞的打理下，小小的种子店已然变成了销售菜种、肥料和农药的规模较大的商店。而他的兄弟在相继完成学业之后也为“正大庄”的发展壮大做出了不可磨灭的贡献。1953 年，大哥谢正民创办了饲料事业，并打算长期致力于以农业为主要的业务。在这样的发展势头下，“正大庄”改名为正大集团，这一来自大嫂的养父——一名泰国的威武将军的名字，就这样一直延续下来，就是现在远近闻名的卜蜂集团。

谢国民回到曼谷后，卜蜂集团刚刚成立不久，规模也得到了初步的扩大。在这样的情形下，谢国民便顺理成章地成了由“正大庄”发展成为一个中型企业卜蜂集团的“实习生”，正式开始了他在商界的奋斗与拼搏。

3. 在商界摸爬滚打

刚回泰国的谢国民，在家族企业中的任务并不简单。谢国民的父亲一直坚持“从基层做起，脚踏实地”的管理理念，于是刚刚成年不久的谢国民干起了开门打烊、擦桌子、收钱付款的杂活，和其他招来的人一样，没有特权。出身富贵的谢国民并没有因此而埋怨父亲，而是在基层更加努力，以求学得更多的知识技能，了解家族企业运作的整个流程。每天，都有一辆运输用的车早早地从店里出发，去采购一天用来作饲料的原料，最后运往工厂加工。这引起了谢国民的注意，这个饲料业务的采购和运送他并不熟悉，于是打算一探究竟。在好奇心的驱动下，谢国民开始进行徒步追踪了解这一环节的整体流程。早上 8 点，卡车卸完货返回店铺，而谢国民在 8 点正式上班，开始了一天的琐碎的工作，但他任劳任怨。就这样，在学徒的岗位上，他不断成长，不断历练，虽然苦虽然累，但不经历风雨，怎能见彩虹？没有一个人从生下来就能够有资格坐在领导者的位子上，父亲的打拼经历更是对这一哲理的深刻阐释。

谢国民在打杂的职位上越干越起劲，而正在这时，机会来了。他的二哥谢大民跟出口业者携手，开启了活猪出口香港的业务，这正是牛刀小试的好时候。于是谢国民便成了把猪装船运送的负责人。运送活猪的业务并不容易，为了降低运作成本，两三千头猪必须同时一次性装在一条船上。在忙乱万分的装运工作现场，这些猪在船上的狭窄的空间里挤来挤去，每次到达目的地都死伤无数。“少死一头猪，给你 100 泰铢的奖赏。”谢国民的二哥对他承诺。这样的奖赏制度激起了谢国民的强大干劲，他绞尽脑汁，思虑着如何降低猪的死亡率。他每日在码头看着猪被装上轮船，有的时候还随它们亲自去香港。经过长时间的观察与思考，谢国民终于发现了造成猪大量死亡的根本原因——船的强烈摇晃对猪造成的冲击力以及长久的颠簸使它们不堪重负，船在行驶的时候直冲风浪，剧烈晃动，猪在狭小的空间里猛烈地碰撞，最终死亡。找到问题产生的原因，再找出解决办法就会容易很多。谢国民想到把猪放置在船的中部或是后部可能会使这种力量变小，从而减弱猪受到的伤害力。根据地理知识，随着一年四季不同的风向，不断调整猪笼放置的位置，猪的损伤以及死亡率会大大地减少。谢国民成功地把这件事情解决了，提升了公司的利润，这让父亲、兄弟都对他有了新的认识。谢国民在这次小小的实践中，明白了运输管理对一个企业获得长期利益的重要性，当然，在企业经营中，也应该当断则断，懂得舍得，把利益分给别人，才能为自己更好地服务。这样的经营方法就像一条长河，历久弥新。

后来，在父亲的安排下，谢国民又在国营蛋类合作社等单位工作。因为泰国政府对鸡、鸭、禽蛋等出口实施严格的管理，谢国民在基层工作两年后，终于进入了管理层，开始了他大手笔的商界运营与发展。他独当一面，负责禽蛋的出口业务。泰国政府委任了一位官员担任合作社的董事长，这位官员是位留法回来的法学博士，从专业对口的角度来讲担任了内政部行政司长。“我看好你，你放开干吧！”就是这位留法的法学博士、位高权重的官员的器重与信任，谢国民这样一个 20 岁的毛头小伙子成为曼谷所有鸡、鸭、鹅肉初加工的“大总管”。他尤为感谢这位博士的知遇之恩，但更是谢国民自身努力的结果。是金子总会发光，前提为你是耀眼夺目的金子，而不是铜。在博士的支持之下，谢国民渐渐懂得了企业组织运作的方法、策略，学会了如何引导、组织企业人员，使他们具有凝聚力和向心力，从而提高工作效率。而且，博士还亲许他向董事会直接汇报工作。筹备和召集会议的技能，以及与企业上层精英的接触，更让他对企业的管理不论从理念还是方式，都变得得心应手。

在经营过程中，谢国民发现合作社时代，企业运转的成本较高。就拿当时脱毛、屠宰这一环节的初加工来说，繁重的劳力全部是人工操作。10 万只家禽才能供应市场需求，如此繁重的任务量又必须在一天之内完成，而这单靠人力劳动是远远不够的，于是，谢国民发现当时企业发展转型的当务之急，就是整个环节采用机械化加工。而在当时泰国的科技发展水平以及经济条件下，自己开发、做成机器简直是天方夜谭。谢国民从小四处漂泊，所以自然而然地将目光转向世界其他发达国家。当时，先进的日美欧已用上了专业家禽脱毛机，虽然泰国政府购买了丹麦的加工机器，但因泰国国内的肉鸡大小不一，机器一直无法投入使用。在这种情况下，就只能寄希望于日本的脱毛机了。在企业亟待改革更新的情况下，20 世纪 60 年代初，谢国民第一次访问日本，考察他们的精密化的加工机器。泰国政府派出仅有 20 岁左右的谢国民，这让日方负责接待的人员大吃一惊，但很快他们似乎懂得了泰国政府这样安排的原因，谢国民确实年轻有为，卓尔不群。谢国民在日本订购了 16 台脱毛机带回泰国，但是肉鸡的大小问题必须得到解决，要不然再好的机器也无济于事。在泰国这样一个小国，大型饲养几乎没有可能，农民在家中散养土鸡，自然这些肉鸡的大小、年龄无法达成统一。之后，谢国民经过长时间的摸索，终于找到了解决问题的方案，而正是这对卜蜂集团的壮大起到了至关重要的作用。

好景不长，年轻的谢国民遇到了从商以来的第一次危机。由于国际政治局势的变化，在美苏两极格局之下，由于苏联在社会主义阵营对中国提出种种无理要求遭到中国政府的拒绝，于是两国形成了对峙局面，关系僵化。苏联不仅切断了对中国的一切经济、技术支持，还要求中国在短时间之内还清欠下的贷款。而成立不久的新中国正处于经济恢复阶段，要偿还债务只能依靠中国地大物博的地理优势和丰饶的物产，进行农产品和禽蛋类出口。这样，香港的农业和禽蛋业必然受到冲击，而谢国民担任经理的企业自然失去广阔的市场，陷入了一潭死水，企业无法正常运营下去。在这样严峻的经济形势之下，合作社名存实亡，泰国政府宣告解散合作社，年轻的谢国民失业，有望在商界混得风生水起的他受到了命运浇下的一盆冷水，但谢国民并未就此颓废。这时候，家族企业对他的再次接纳给了他一次重新焕发活力的机会。在他的兄弟的帮助之下，谢国民成为卜蜂集团掌管饲料业务的总经理，而在当时，卜蜂集团的饲料业务量已经是泰国同行业中的头牌企业，从这件事情中也可以看出他们兄弟之间的信任与关爱。正是这样的一个岗位，给予了谢国民大展拳脚的好机遇，也为他叱咤商场搭起了广阔的舞台。

谢国民在合作社的工作经历给予了他极大的帮助，让他能够在广阔的家族平台上大展身手。随着卜蜂集团越做越大，他的员工人数也达到几千人。谢国民敏锐地察觉到如果这个时候没有完成从家族向企业的转型，将会使卜蜂集团落后于同行一大截，最后只有衰落、破产的结局。于是，谢国民开始大力从外面邀请高精尖的专业人才替代家族内部的经营，这不仅能够避免家族内部由于财力、权力的分配不均而产生的矛盾，解决父亲的后顾之忧，与此同时，更是整个家族企业——卜蜂集团长久发展壮大下去的唯一方法。为此，谢国民还专门制定了一条必须坚持的原则——不准家族人员进入公司的主要业务，任何人不得例外。

虽然，谢国民没有专门学过经济学，但社会实践是最好的老师，从实践中，谢国民逐渐明晰了一条亘古不变的经营之道——资本和经营必然分离，两者不可混为一谈。股东持有资本，这是他们得天独厚的优势，所以股东理应享受到公司经营良好的红利。但是，他们对于经营确实是外行，这一环节只能由拥有专业知识的人才来完成。这样二者分工明确，才能提高整个公司的运转效率。家族企业的转型，必然从自我的革新开始，谢国民以身作则，没有独占公司股份，这样的行为是他对规则的最好践行。

1969 年，谢国民到了而立之年，加上多年以来的技能积淀，谢国民蜕变成一个由专业人才经营的企业型的卜蜂集团的总裁。前面提到，在谢国民担任合作社的业务经理时，肉鸡的大小问题一直是阻碍整个企业向前迈进的一大阻力。虽然有先进的机械为支撑，但是最核心的问题没有得到解决，这个企业仍然没有

发表演讲时的谢国民

前途可言。然而在这个时候，谢国民却探索到了这个难题的解决之道。“你一定要去美国看看。”正是谢国民大哥的这句话，启发了谢国民走出国门。美国的饲养模式与泰国全然不同，这种全新的方式让谢国民找到了新思路。在美国，饲料公司先从种鸡的原料生产公司购买已经选好的雏鸡，然后与生活在农村的养鸡户签约，这一合同就表明养鸡户有着饲养雏鸡的责任以及得到相应的利润。饲料公司向养鸡户提供饲料、预防疫病的药品等，以保障雏鸡能够健康长大。当雏鸡长大后，饲料公司将雏鸡收购回去，这就实现了雏鸡大小一致的结果。不仅如此，美国这样的饲养方式还具有低成本、高收益的特点，这样高效的方式让谢国民大吃一惊，他加快了与负责经营爱拔益加企业的负责人罗德曼·洛克菲勒的谈判进程，将这种饲养理念带到了东南亚。“卜蜂集团不会随着市场价格的变化而改变收购价格，只要农民可以将小鸡养大，就必然可以得到最初我们承诺给的利润。”谢国民向养鸡户承诺。

本着这样的理念，卜蜂集团在泰国的饲养雏鸡事业越做越红火，慢慢被广大民众接受。以鱼粉、玉米面为饲养原料，将小鸡养大，然后将成品鸡进行深加工，加工成炸鸡、香肠等食品，与直接作为原料售卖相比，就有了更加丰厚的利润，从而形成独具特色的运转方式。这种从农田到餐桌的全产业绿色食品链条，受到了广大消费者的欢迎。而这种理念与运营方式，在当时的东南亚，可以说是绝无仅有的。后来，由于谢国民自身得天独厚的优势条件，他不断从日本引进先进的科学技术，比如储藏冷冻的技术，并且与日本建立了长久的合作关系。虽然，在 2003 年的禽流感事件中，卜蜂集团的出口贸易受到了强烈的冲击，但是由于企业自身的跨越转型，卜蜂集团仍然占据对日本的食品加工出口的半壁江山。除了与卜蜂集团长期合作的日本外，谢国民还利用广泛的人际交往，在台湾扩大卜蜂集团的销售市场。1967 年，谢国民在台湾开设了第一家子饲料工厂。众所周知，谢国民在香港的学习经历给他留下了深刻的印象，作为谢国民的第二故乡，他对香港的了解程度以及家族企业与香港的渊源，让他放手在香港拓宽卜蜂集团的业务。

谢国民除了成立饲料和鸡蛋进口公司、成立饲料工厂以外，还设立了控股公司，这个机构具有统管贸易、保险、金融等集团子公司业务的权力。这对于卜蜂集团在香港实力的提升以及成功上市奠定了坚实的基础。当然，作为广阔海外市场的马来西亚和新加坡、印度尼西亚，谢国民看到了在此发展壮大卜蜂集团的潜质，于是在这些地方建立了卜蜂集团自己的企业，成为仅次于曼谷的分公司。虽然受到我国当时大陆政策的影响，卜蜂集团未能成功入驻中国，但是在推行改革开放政策以后，为海外华侨们提供了在国内发展的机会与平台，谢国民因势利导，在国内也建立起自己企业的业务体系。他看到“文革”之后中国经济百废待兴，油然而生的对中国的亲近感让他两次到达广州、汕头进行接洽交谈，渴望在这片生他养他的土地上有所作为。在回国期间，谢国民还怀着对陈老师的感恩去看望了她。“滴水之恩当涌泉相报”，陈老师对他的帮助仍旧历历在目，或许没有陈老师，就没有现在能够将企业做大做强的谢国民。谢国民知恩图报，经常在百忙之中还去照顾陈老师的生活。

经过广东政府的审批，不久，卜蜂集团拥有了在中国的营业执照，上面写着“第0001号”，这也是第一家进入深圳的外资企业，即为“正大集团”。于是，谢国民开始在深圳大张旗鼓地进行生产、销售，在深圳取得了一席之地。在今天，卜蜂集团的业务服务店已经散布亚洲各地，成为东南亚地区名副其实的商业翘楚，而一手把卜蜂集团发展壮大的谢国民也成为业内人人称道的传奇。

4. 不断努力，终获成功

卜蜂集团的业务范围绝不仅仅局限于此，谢国民还进行了摩托车等其他方面的业务拓展，秉承着“不断发展、创新”的经营理念，卜蜂集团的业务越来越多元化，成为众所周知的典范企业，而谢国民也成为让人惊叹的商界大人物。

“你有没有想过向国外出口中国制造的摩托车？”堂兄的一句话引起了谢国民的兴趣，虽然当时有上海生产的“幸福”牌摩托车，但是它基本上无法在国际上赢得丰厚的利润。而在中国国内，由于改革开放的浪潮，运输业快速地发展，摩托车成为人们必不可少的代步工具。但是当时，国家刚刚开放，外汇紧张。谢国民要做摩托车销售，要实现外汇资金回笼就有困难。于是，谢国民从居住在海外的华人华侨，以及他

谢国民

们各自联系的国内亲戚的身上看到了商机，他们可以作为摩托车的主要消费主体。让他们用自己的外币去买国内的摩托车，这样既满足了国内市场需要，又解决了外汇资金回笼问题，还省去了许多运输费用，可以给消费者更多让利，成为一举多得的好事情。但是技术的革新是让这个方略取得成功的关键之处。本田生产的“CG125”摩托车在泰国等发展中国家广受欢迎，拥有广大消费群体，于是谢国民便与政府官员一道访问了日本的本田公司。通过不断地洽谈，本田经过深思熟虑之后，终于将摩托供应改为技术授权。1985 年在上海产的本田摩托车风行一时，而这正是出于谢国民之手。

在父亲、兄长不断扩展业务的基础上，谢国民也没有停止引领企业前进的脚步。在谢国民把雏鸡引进泰国不久，他又以同样的经营方法开始了养猪业，为了迎合欧美市场的口味，卜蜂集团不断进行新品种的自主培育，终于在20世纪90年代在欧美拥有了广阔的市场。

除此之外，谢国民还致力于养虾业的发展。黑虎虾在泰国本土就有出产，而且非常符合人们的口味，深受消费者的喜爱。如果卜蜂集团投入生产，必将带来丰厚的利润，于是在对日本、中国台湾、南美养虾业的综合借鉴下，卜蜂集团的养虾业蓬勃发展了起来。

为建立效率较高的商品零售和流通体系，在谢国民的强烈说服之下，卜蜂集团终于在1988年与SHV公司达成协作，成立了合资企业。“万事开头难”，紧接着谢国民按照相同的道理，开始建立便利店和“莲花”命名的超市，终于形成了一体化的销售物流网络。直到现在，谢国民所建立的这些企业门店仍然遍布在我们的周围，极大地方便了我们的日常生活。

1970年，谢国民接任正大集团总裁之后，即表现出一个勇于开拓的进取型企业家的作风。正大集团在他的领导下向农牧工商的方向高速发展。据有关资料，至目前，正大集团在世界各地拥有26个饲料厂，年产量250万吨；在泰国有50多家经营饲料的公司，垄断了泰国国内的饲料市场；在东南亚、中国、美国、欧洲及大洋洲共有200多家分公司。

1978年，中国改革开放，经济形势一片大好，谢国民做出了在中国投资这一令世界经济人士震撼的举动。正大集团成了第一个来中国投资的外资集团，也是在中国投资项目最多、投贸额最大的外国公司之一。他与中国合资及独资经营的企业超过70家，范围从初期的饲料加工、摩托车制造发展到房地产、金融及通信领域。

正大集团由于谢国民的领导取得了巨大的成功。有人说，谢国民的成功是因为他比较聪明地利用了泰国丰富的农业资源和农业优势。这话一点儿没错。泰国是一个得天独厚、资源丰富的农业国，农业既是泰国国民经济的基础，又是泰国国民经济的优势。

正大集团以农产品加工为起点，就地取材，发挥泰国农业优势，符合泰国国情，有利于泰国的国计民生，可说是在泰国历史的交接点上应运而生。谢国民的“正大”生产所需的各种原材料，均取自泰国的农产品、畜产品和水产品。这样使原料来源有了绝对保证。就地原料价格低廉，加工运输距离短，运费也少，有利于降低成本，减少消费者的负担，增强了产品的竞争力。

据正大集团网站介绍，谢国民1964年加入正大集团，1970年任集团总裁，1989年起任集团董事长，于2017年卸任。在他领导下，有几十年历史的正大集团业务范围跨越20多个国家和地区，旗下员工近20万人，年销售额超过100亿美元。据《福布斯》报道，泰国正大集团董事长泰籍华人谢国民以净资产70亿美元成为2010年度泰国最富有的人。曾被《财富》杂志评为全球最具影响力的50位商界领袖之一和亚洲商界领袖25强之一。

就像谢国民预言的一样，他吃苦勤奋、精明能干将泰国作为他播种的试验场，不断扩大到全球各地，将“正大”产品销售到世界各个角落。目前，“正大”正朝着多元化、国际化的方向开拓前进。

和平使者
——玛哈·扎克里·诗琳通公主

玛哈·扎克里·诗琳通（英文：Maha Chakri Sirindhorn，1955— ），泰国公主，出生于泰国王室家庭，泰国前任国王普密蓬·阿杜德和诗丽吉·吉滴耶功王后的女儿。1958年进入皇家吉拉达学校学习泰文和英文。1973年毕业于吉拉达学校高中部。1979年获朱拉隆功大学东方语铭文专业硕士学位。1986年获诗纳卡林威洛大学教育发展学专业博士学位。

诗琳通公主经常跟随国王和王后到泰国各地巡视，协助普密蓬国王进行慈善活动，代表国王出席重要的国事活动和仪式。

泰国是中国的邻国，居住着大量华裔，他们与泰国的建设与发展有着密切的联系。中泰两国有着血缘亲情的关系。但二战结束后，中泰分属苏美两大阵营，中国与泰国的关系趋于紧张。随着国际局势的发展变化，中国实力和国际影响力的提高，中美正式建交，为中泰交往铺平了道路。1975 年 6 月 30 日至 7 月 6 日，泰国总理访华，并在 7 月 1 日，两国签署了《中泰建交联合公报》，正式开启了两国友好邦交的新纪元。作为普密蓬国王和诗丽吉王后的女儿，诗琳通，顺应了时代的潮流，积极地担当起两国友好往来使者的责任。对中国文化有着浓厚兴趣的诗琳通以泰国皇室的身份为中泰的友好交往打开了大门。诗琳通公主被称为“中泰友好使者”，她为促进中泰两国人民的相互了解和传统友谊，推动中泰教育、文化、科技等领域务实合作做出的积极贡献，让两国人民铭记于心。

1. 勤学好读，善良活泼

玛哈·扎克里·诗琳通是一位广为中国人民熟知的泰国公主。她是泰国前任国王普密蓬·阿杜德和王后诗丽吉·吉滴耶功爱情的结晶。父母给她取名诗琳通是希望她一生吉祥平安。

1955 年 4 月 2 日，泰国金碧辉煌的皇宫中传出女婴的啼哭声，皇宫上下为之欢欣鼓舞。他们敬爱的王后又为王室生了一个漂亮的小公主，消息传入民间，全国人民也为之庆贺。

青年时期的玛哈·扎克里·诗琳通公主

从许多照片中（或许是宠爱她的父亲拍的，也或者是专业摄影师的作品），我们可以看到一位可爱的小女孩露着牙齿甜甜地微笑着，她被同样拥有美丽笑容的母亲宠溺地拥在怀里。都说皇室残忍无情，诗琳通的伯父就曾在阴谋中被枪杀。但父母的相爱是孩子对爱的第一印象。诗琳通小时候的生活是那么甜蜜无忧，父母的爱带给她开朗单纯的性格，带给她幸福快乐的生活。诗琳通公主从小就是一个乖巧、善良、活泼的女孩，直到现在她身上依然保持着那份童年的纯真。高贵的身份并没有让公主觉得有炫耀的资本，良好的教育和善良的性格让公主觉得，帮助他人才是获得成功和实现人生价值的最好途径。读书是提高一个人文化修养最好也是最漫长的道路。诗琳通公主从小就表现出了极强的学习天赋。1958 年，仅 3 岁的公主就开始进入皇家吉拉达学校学习泰文和英文。在接受教育的过程中，诗琳通逐渐显现出了她的聪慧、机智。小小的她对一切都充满兴趣，对自己的母语和英语都有着较强的接受能力，在老师的教育监督下，她不断扩充自己的词汇量，并表现出浓厚的兴趣。

1968 年，诗琳通完成了她的小学课程，在小学毕业考试中取得了全国第一的好成绩，哪怕是身居王位的普密蓬也以一个父亲的身份为自己的女儿骄傲，并发自内心的喜悦。诗琳通虽然活泼却从不淘气，是一个特别招人喜欢的小女孩，她从小就对父母和老师亲近而尊重。除了每天认真完成老师布置的作业外，还经常主动给自己增加额外的学习任务。多余的课程并没有成为她的负担，年幼的她已经能从学习中找到乐趣，并把玩耍的时间用来学习。小学的她除了学习成

玛哈·扎克里·诗琳通公主

绩突出优异，与朋友相处也非常愉快。她活泼开朗的性格收获了老师和学生的喜爱，公主的身份并没有成为她与其他孩子交往的障碍，天真善良的孩子们在这个年龄收获了最美的友谊。

渐渐地，诗琳通公主长大了，成为高中学生。学习依然是她最喜欢的事情，她对事物的好奇心似乎永远都不会消失，这成为她源源不断地接受新鲜事物并认真研究它们的动力。高中的知识变得越来越复杂，公主在学习上开始花费更多的时间，她对于知识的探索执著又有耐心，遇到搞不懂的难题不琢磨清楚就不罢休。高中时代是一个人最青春美好的年华，高中毕业考试中，诗琳通继续取得优异的成绩，以全国第四的名次顺利进入泰国最高学府朱拉隆功大学攻读语言文学专业。她的努力没有白费，扎实的知识储备、浓厚的学习兴趣使她一接触大学学习就热情地投入其中。

历史上的朱拉隆功大帝精通四种语言，诗琳通公主像她的前辈一样极具语言天赋和学习能力，在大学里她选修泰文学、历史、巴利文、梵文等多个专业。大学的生活既无忧无虑又丰富多彩，刚从学业繁重的高中毕业的学生总要在大学里放松一下。但对公主而言，学习从来不是负担，而是乐趣。她觉得自己不知道的东西太多，只有通过不断地接收新鲜知识才能达到充实自己的目的。

时间过得很快，4 年的时间很快过去了，诗琳通公主的大学生活也即将结束。在毕业的时候，她以优异的成绩获得了语言文学学士学位证书。在充满欢乐和略带伤感的毕业典礼上，普密蓬国王亲手为自己的女儿颁发了连续 4 年全系考试第一的金质奖章，严肃的面容下流露着一个父亲难以抑制的喜悦。此刻对于父女两人来说都是荣耀的。席下的学生老师看着自己敬佩的国王和喜爱的公主也都从心里真诚地喜悦。公主虽然聪慧，但学习不是只有天赋就可以，勤而不辍的努力更是必不可少。如此耀眼的学历并没有使公主因满足而止步不前，她仍然在一步步坚定地攀爬着远在天际的知识高峰。她广博的学识和刻苦的精神被王室和泰国人民认可，在 1979 年 12 月 5 日的这一天，普密蓬国王在皇宫内为诗琳通公主举行了盛大的封储仪式，赐予她“玛哈·扎克里公主”的封号，享有继承王位的权力。这个毫无先例的举动是对她多么大的肯定。父母、人民都对这位公主充满了喜爱 。她是泰国第一位被敕封的女王储，而且实至名归，全国各界都表现了对公主的支持。24 岁的诗琳通公主在他人看来已经走向了人生的巅峰。但纯真善良的公主对待学习从未有过一丝懈怠，她才迈出了存储知识的第一步，知识的永无止境使她永远以最谦虚的心来对待它。

童话里的公主都有王子的相伴，就如她的父母般拥有甜蜜幸福的生活。我们同样希望美丽善良的诗琳通公主可以与相爱的人携手一生。公主的感情一直被人们关注，却总是空白。诗琳通公主的姐姐和妹妹都有过甜蜜的爱情生活，但她却既不谈恋爱也没有结婚，更没有子嗣。让人们不禁为这位性格善良、气质非凡的公主感到惋惜。世界如此缤纷，每个人都是独一无二的存在，都有自己与众不同的人生追求，或许王子不是公主的追求，以广博无私的爱去温暖他人才是公主的心愿和向往。诗琳通公主虽然有王储资格，但从未想过以此谋利，更不愿意因为争夺王位而伤害亲情。她希望和平，向往安宁，不愿为了权力而伤害他人。她的人生是要利用每一刻时光来做有意义的事情。现在已年过花甲的诗琳通公主依然尽自己所能地认真工作，为国民服务。

2. 中泰友好的使者

在泰国金碧辉煌的皇宫里住着一位博学多才的公主,每年春天她就会到中国游历。她热爱中国古典文化，擅长乐器，精通书画。诗琳通祖母的祖母有一半中国血统，当时王后的父亲也来自中国，血缘上与中国的亲近,引领着她一步步踏入中国的土地,并爱上了这里。

泰国是一个佛教盛行的国家，深受印度佛教的影响，同时由于古时中国的强大和泰国生活着许多炎黄子孙的后代，泰国受中国文化的影响很深。诗琳通公主说："在泰国，每个人必须学习中国和印度文化，这两种文化共同构成了东南亚文化，很小的时候，我就对中国文化感兴趣。"诗琳通的中国情缘源自她的母亲，诗丽吉王后是一位博学的才女，喜欢音乐和语文，对东方国家——特别是中国、柬埔寨、越南等近邻国家——的语言文化更感兴趣。出于中泰的历史渊源和如今友好交往的态势，她建议女儿学习汉语。公主听取了母亲的建议并在 1980 年开始学习汉语。她与中国的"情缘"由此开始。1975 年，中泰正式建立了外交关系。她是泰国王室学习中文第一人。虽然中国文化很早就传入泰国，但在 20 世纪七八十年代还不能公开学习中文，诗琳通公主学习中文还是一个秘密 。当时，中国驻泰使馆专门选择了资深的中文老师在皇宫教授公主汉语和中国文化。在学习中文的过程中，诗琳通公主显示了她的聪慧和好学。在课后，公主主动要求老师布置作业，以便更好地巩固当天的学习内容。诗琳通公主说中文非常难学，她能够学会很多中国文化并流利地讲汉语，但要记住汉字就十分困难。她所做的就是迎难而上，而不是轻易放弃。每周六上午 9 点到 12 点，诗琳通公主都会准时来到"中文课堂"，30 年来从未间断。她的老师说，公主一般会提前制定半年的行程，但总会把星期六学习中文的时间空出来。每次到了上课时间，总是带着年轻人朝气蓬勃的神态欢快地来学习。2001 年，在学习中文 20 余年后，她主动提出要去北京大学学习一个月，因为纯正的语言环境对提高语言水平有着很大的帮助，她想来中国突击一下自己的口语和听力。

在北京大学学习完后，她在自己所居住的公寓前种植了一棵松树。诗琳通回忆时说道，她在北大学习的时候，有位北大教授用英语和她交谈，但她的中文老师希望她能一直用中文交谈，因为她的英语听说都很好，应该多练习中文。她听取了老师的建议并一直坚持。诗琳通公主兴趣广泛，除了学习中文外，还喜欢画画。她在课堂上挥毫作画，兴之所至时还会随手创作漫画，往往寥寥数笔，总能抓住人物的性格特点并突出描绘，妙趣横生的形象就跃然纸上，不无童趣。公主的好奇心和好学心，仿佛不止于帕卡德公寓。每天很早，都能看见公主在北大的花园里，一招一式地学习太极，做得甚是像模像样。在公主的日程表上，每天上午 8 点到 12 点是上课时间，下午则安排社会实践。公主风趣地说，她是以一个“社会学者”的身份来中国学习的，而不仅仅是学生。

诗琳通公主在来北大之前就对中国的许多文豪心生敬佩。季羡林教授精通梵文和巴利文，是享誉国内外的东方学大师，诗琳通对季先生仰慕已久。此次来北大，她希望能目睹这位大师的风采。听朋友介绍，季先生住在北大的未名湖畔。“未名湖畔”听起来就能让人联想起江南水乡的恬静与安然，这个如世外桃源一般的名字给公主留下了很深的印象。在已约定拜访季先生的前一天，公主出来晨练，不觉间就走到了未名湖畔，只见一位老者在那里散步，那位老者身上散发出来的气度深深地吸引了公主的目光。随行的人说，那就是季老先生，公主一听立马来了精神，急忙向那位老人走去。老者似乎也感到了有人朝他走来，便转过身来看看是谁，已经看过公主照片的季先生一下子就认出了诗琳通，同样高兴地向公主走来，两人紧紧握住了对方的手，进行了短暂的寒暄。随后季老先生当即邀请诗琳通去他家里做客。两人一路相谈甚欢，进了家门，诗琳通公主想要看看季先生的书房，一打开门，眼前的一切给了她极大的震撼。书房太大了，书也太多了，简直就像一个小型图书馆。季先生说他最大的爱好就是读书和买书。这么多年，是书带给他对生命的无限热爱和深深的满足。同时季先生还送给诗琳通公主一套他最喜欢的书，希望公主能更好地学习中国文化。吃过饭后，公主要赶去参加别的活动，只得与先生拜别，并承诺有机会再来与先生畅谈。时间在不经意间悄悄溜走，在季羡林老先生走到生命的尽头时，诗琳通公主听到这个消息，悲痛不已，还托人献上花圈，表示沉痛的悼念。

公主是一个重情之人，在中国学习期间认识和结交了许多朋友，她与各位中文老师的感情都很深厚。每次来中国，她都会把教授过自己的老师请出来吃饭、交谈。中国爆发“非典”时，公主还给自己的中文老师打电话问候。这样的她深受身边人的喜爱，人们喜欢同这样一位身份尊贵却一点儿也没有架子的公主交谈，也常常被她新奇的想法和幽默的谈吐折服。诗琳通公主还经常教她的弟弟妹妹学习中文。

1981年4月，泰国公主带着泰国人民与中国友好交往的心愿千里而来，受到了中国政府和人民的热烈欢迎。在中国，公主的行程总是安排得满满的。并且她对每次出行都十分重视。无论到哪里参观，诗琳通公主都在一个小本子上，把每一个细节都完整地记下来，每每看到中国优秀之处，在惊叹之余，心里会联想到泰国，思考着能否做点什么。笔记做了好多本，笔用坏了好多支，但她总是极具耐心地去做这些烦琐的工作，从来没有疏懒。

出了北京城，初次到中国的诗琳通公主选择前往西安和成都，这是她心仪已久、代表了中国灿烂文化的地方。从这些承载着中国传统文化的古城中，公主对中国文化有了更深的了解，越了解就越喜爱。这次访问回国后，诗琳通公主出版了《踏访龙的国土》，为泰国人民了解中国打开了一扇清新而明丽的窗口。她在书中写道：“1981 年，当我第一次踏访龙的国土时，就被她博大精深的文化吸引。就在那个时候我决心要走遍中国。”在之后的很多年，伴随着春天来临的脚步，这位泰国公主总会如期而至，兑现她的承诺和实现自己的心愿。一次次的来访，一次次的收获，诗琳通公主对中国的喜爱与日俱增。她会开始一次次新的旅程，也会重访心有眷恋的故地。自改革开放以来，北京发生了翻天覆地的变化。这里是公主来得最多的地方，每一次到来她都对北京的变化感到深深的震撼：原来一片蓝灰色的海洋早已色彩斑斓；狭窄泥泞的道路建立起了通向现代化的桥梁；各种艺术和文化齐聚北京碰撞灵感。公主成为北京极速发展的见证者。渐渐的，她华发渐生，但每次在中国的行程依然安排得满满当当。从上午 8 点一直参观到下午 6 点，晚上还有会见活动。没有锦衣华服，不显珠光宝气，诗琳通公主总是衣着朴素，平易近人。这么多年来，笔、本子和相机一直是她参观时随身携带的“三宝”。让我们不禁想起她的父亲，普密蓬国王的胸前也总挂着相机，他是那么喜欢摄影。现在他的女儿也带着相机记录自己所走过的土地。公主特别喜欢中国的诗歌，还学习了许多李白、王维、杜甫、孟浩然等诗人的作品，更加领悟了中国诗歌的灿烂之光。

1999年,时任国家主席江泽民访问泰国,会见国王、王后结束后,由诗琳通公主负责接待。在访问结束之前,江主席和公主互赠礼物,江主席送了公主一份自己的书法作品,恰巧,公主要送主席的也是一份自己亲手创作的《忆江南》的书法作品。这成为中泰友好往来的一段佳话。由此也可以看出公主对唐诗宋词的热爱。可是,并非每次的中国之行都令人欢欣鼓舞,2008年,当中国四川发生大地震时,泰国诗琳通公主第一时间就致信时任中国国家主席胡锦涛,并向中国四川地震灾区捐款10万元人民币。2009年,公主来到了曾遭受地震重创的四川绵阳市。她来看这里的孩子,找到了还未被捐助的先锋小学,奉献了自己的一片爱心,使这个学校的孩子有了更好的学习环境。2011年来华时,她再次专程去看了同学们,并做了演讲:“老师们、同学们,大家好,时隔一年,能够和老师们同学们在此相聚,我感到特别高兴,我也带来了一些图书和资料,希望能对同学们的学习有所帮助。”

中泰友好情,绵延千秋好。每次访华回国后,诗琳通公主都根据自己记录的笔记,撰写成游记。从1981年的第一部《踏访龙的国土》起,公主先后出版了《平沙万里行》和《云雾里的雪花》等10多部访华见闻录。诗琳通公主的好友曾说:“在我小的时候,看到的所有关于中国的新闻都是负面的，比如人民受饥饿，共产主义观点很危险等，公主描写中国有些不同，是另一种非常正面的观察中国的方式，因而改变了我们对中国的态度。”可见诗琳通为中泰的友好关系做了多大贡献。公主访华旅程中拍下的照片会在第二天就传入泰国的电视台，泰国人民知道他们的公主去了哪儿，做了些什么，也让泰国人民开始改变对中国的看法。

公主还是把古典诗词译成泰文最多的翻译家，先后共翻译了一百多首。出版了诗集《琢玉诗词》《唐诗宋词选集》等。公主说 :“我非常喜欢诗，但很难将它译成泰语，因为泰语和中文有很大的不同，中文可以用只言片语就表达很多含义，但是很难选择泰语去翻译这些东西。我试着去做。”诗琳通公主认为要了解中国，不但要参悟她的过去，更要知晓她的现在。于是，公主把目光投向了中国当代文学，翻译了著名作家王蒙和方方的作品。

在诗琳通公主拜访作家王蒙并与他亲切交谈的过程中，她给王蒙留下了朴素、平易近人、耐心，就像普通人一样的好印象。诗琳通与王蒙的友谊始于 20 世纪 80 年代。1987 年，王蒙带领一个中国文化交流团访问泰国，当他访问到清迈的时候，诗琳通公主在清迈的行宫代表王室接待了他们，王蒙就把自己随身带的英译版本的《蝴蝶》送给了公主。两人聊得十分投机，公主对中国的文化表示出了浓厚的兴趣，当超过了会见时间很久的时候，王蒙请辞，公主还极力挽留，想要进行更多的交流，可见她对中国文化的喜爱。这次见面，两人一见如故，为以后深厚的友谊提供了良好的契机。诗琳通在认识王蒙后，认真阅读了许多他的作品。公主十分喜欢作品中的叙事风格，她曾对王蒙评价道："他将人刻画为活生生的人，而不是远离我们的人物。小说中的人物都生活在矛盾中，包括矛盾的政治和社会环境。他们也有内心挣扎，这种挣扎我们每个人都体会过。"

公主花 6 年时间将王蒙的作品《蝴蝶》译成了泰文，1994 年泰文《蝴蝶》在曼谷出版，公主还开玩笑地说："版权费还没给，应该给 6% ~ 7%。"王蒙笑着回应道："公主翻译我的书，我很高兴，都忘记要稿费了，不要也行。"同样的兴趣爱好使得两人的友谊愈加深厚。同时，王蒙也读了许多公主写的书，如《顽皮透顶的小盖珥》和《淘气透顶的小盖珥》等。在 20 世纪 80 年代，这两本书已经译成中文出版。公主还给自己起了个笔名"菀盖珥"。这些童书很好地反映了公主性格中善良单纯的一面。公主曾把自己在中国出版的图书送给泰国贫困地区的小学校。莱府位于泰国和老挝交界的地方，交通不便，经济发展落后。公主曾视察这里的乡村小学，除了资助孩子们上学外，还赠送大量的学习用品，包括学习汉语的光盘，她还设立奖学金资助他们上大学。在公主的母校朱拉隆功大学，很多学生受她资助去中国学习汉语。朱拉隆功大学的孔子学院，是在诗琳通公主的亲自倡议下于2007年成立的。这是泰国第一所教授汉语专业的学校，学校不仅有很多优秀的中文老师，还和中国的许多学校建立了合作关系，尤其是和中国最高学府北大，和北大整个联系的过程都有公主的身影。学院成立4年以来，已经教授了1000多名学员学习中文。课程也从无到有，发展到现在的10多门课程。每年都有许多泰国学生参加HSK的考试，这是他们能进入中国留学的通行证。如今，孔子学院已经成为推动中泰两国教育交流的一座桥梁，泰国的学生不仅可以学习中国语言，更能深入地学习中国文化以及各个方面的先进技能。

诗琳通公主说："我认为我是成功的，因为我成功地帮助了他人，实现了我自己的心愿。我喜欢学习就能有机会学习；我喜欢音乐，就有机会弹琴；我还能画画、作诗，我有机会去做各种各样的事。"诗琳通公主对于中国的情缘显现在各个方面。

3. 荣誉属于公主

诗琳通公主不计回报的付出，为她赢得了许多荣誉。那些奖项的获得就是对她最好的评价和人生的肯定。

2000 年，鉴于诗琳通公主在中泰文化交流领域做出的突出贡献，中国教育部正式授予她“中国语言文化友谊奖”。

2001 年，中国作家协会中华文学基金会决定授予她“理解与友谊国际文学奖”。中美之间曾以“小球转动大球”，诗琳通公主则是以文会友，通过文学的桥梁促进了中泰友好关系的建设。

2001 年 3 月 13 日，北京大学授予诗琳通公主荣誉博士学位。

2005 年 7 月 21 日，诗琳通被聘为武汉大学名誉教授，在她的支持下，泰国科技部和武汉大学开展了地球空间信息领域一系列科技合作。

2006 年 4 月 13 日，诗琳通公主亲临华侨大学，为华侨大学华文学院诗琳通图书馆揭牌，并欣然受聘为华侨大学名誉教授。

2009 年 10 月，中国举办了一次“中国缘 · 十大国际友人”网络评选活动，意在推选对中外友好往来做出突出贡献的国际友人，并加强中国人民对于这些友人的了解。诗琳通公主作为中泰交往的“和平使者”，致力于加强两国在各个领域的交流和合作，以高票当选“中国缘 · 十大国际友人”，可谓实至名归。

2011 年 4 月 8 日来访四川，接受了四川大学、成都大学两所高校授予的名誉教授聘书。

2011 年 4 月 10 日，接受西南大学授予的历史地理学名誉教授聘书。

2014 年 4 月 7 日，接受山东大学授予的名誉教授聘书。

2015 年 3 月 30 日下午，泰国为庆祝诗琳通公主 4 月 2 日 60 华诞，颁布了大赦监犯的政令。年轻时候诗琳通公主就开始履行她身为皇室成员的职责。她十分敬爱和孝顺父母，经常陪父母走访贫穷边远地区。这些经历让她看到了泰国的落后与贫穷，那么多的子民还未解决温饱问题，她的内心深受震撼，也默默地为这些人感到焦急，在之后的岁月里，她尽力帮助那些贫穷困苦的人们。多年来，诗琳通公主对贫困人民的关注从未减少，对那些因一时之错或因贫穷而走向犯罪道路的人们更是充满怜悯。这项政令的颁布无疑是给爱护子民的公主最好的礼物。政令一经颁布，举国沸腾，久已未见的亲人相拥而泣，深深地感激这位善良的公主为他们所做的一切。

《左传》言 :“太上有德，其次立功，其次立言。”德行是中国古代的圣人最高的追求，“圣人”孔子、“亚圣”孟子等都因其不朽的德行受到世代人的敬仰。诗琳通公主以德行立世，担负起作为泰国王室成员的责任，为泰国与中国等国的友好交往创下巨大功绩，并且撰书立言，丰富泰国的文学宝库。诗琳通公主以她的德行、功绩、作品获得了泰国人民至高的崇敬。

后 记

“一带一路”相关国家众多，代表性人物众多，为中外交好、民心相通作出杰出贡献的人士众多。因此，为“一带一路”璀璨群星立传，既使命光荣，又责任重大。在这项浩大工程的策划、组织、执行过程中，有许许多多的人士参加了有关传主的名单征集和审定，以及写作、翻译、审读、编辑、出版、筹资、联络等繁重而琐细的工作。所有参与的人员，以拳拳报国之心，尽深厚学养之力，克服了时间紧、任务重、要求高、压力大等诸多困难与挑战，最终圆满完成了任务。在本书付梓之际，丛书编委会特向参与本项目的全体同志致以崇高敬意和衷心感谢！

同时特别需要鸣谢的是，提出策划并领导实施此项目的中国传记文学学会会长王丽博士，基于长期法律实务经验和担任“一带一路服务机制”主席职务的便利，她对相关国家和“走出去”的“一带一路”建设者和广大青少年的需求了解真切，提出应当为他们写一套介绍各国典型人物的简明易读的传记，为他们提供健康的精神食粮。她把这项“额外”的工作当成了事业，联袂商会筹集资金、苦口婆心招揽作者、精心挑选传主名录、夙夜青灯挥笔写作、近乎偏执逐字推敲、亲力亲为呕心沥血。面对如此浩大的出版项目和繁重的出版任务，中国出版集团华文出版社不但毅然承担了出版任务，而且集团和出版社的领导与中国传记文学学会的负责同志一起协商，寻求有关部门的支持和帮助，努力将该传系打造成高质量的精品好书。在此，我们特向项目牵头人和中国出版集团公司、华文出版社的相关领导和编辑致以崇高敬意和衷心感谢！

尤其让我们感动的是，在项目执行过程中，一些富有家国情怀的民间商会和企业家的慷慨解囊，虽不足以支撑项目的全部费用，但是他们所表现出的热心和支持，让我们坚定了走下去的信心和决心。在此，我们要特别鸣谢为本书的创作出版做出捐赠支持的中国民营经济国际合作商会、亿阳集团股份有限公司、富通集团有限公司以及太平洋证券股份有限公司，并对他们的拳拳报国之心和慷慨无私帮助致以崇高敬意和衷心感谢！

一项伟大的事业，离不开许多默默无闻的奉献者。在本传系的组织、编写、出版过程中，有历史、文学、科研、外交、教育、法律、翻译、出版等领域的数百位专业人士参与，恕不能在此处一一详列。需要特别提出的是，鞠思佳、景峰等同志为组织联络、搜集资料到处奔波而毫无怨言，唐得阳、唐岫敏、白明亮、谭笑等同志在编写、翻译和编辑、校对过程中的细致与负责让我们感动，赵实、胡占凡、高明光、吴尚之、刘尚军、李岩、王灵桂、李永全、陈小明、许正明、宋志军等同志睿智的指点和专业的帮助让我们避免了走许多弯路。在此，我们特向以上各位同志致以崇高敬意和衷心感谢！

当然，由于我们水平所限，本丛书难免有某些不尽人意之处和瑕疵，敬请学界专家和各位读者不吝赐教，我们将在作品再版之时吸收完善。在此，我们也向各位读者提前表示崇高敬意和深深感谢！

“‘一带一路’列国人物传系”编委会
2018 年 3 月 8 日